RUSSIA

俄羅斯聖彼得堡藝術行旅

Art in St. Petersburg:Russia

馬小英◎著

藝術家出版社

作者簡介

馬小英

「我是無可救藥的浪漫主義與英雄主義者！」這是作者對自己的描述。馬小英，旅俄美術創作者，俄羅斯國立列賓美術學院第一位台灣碩士畢業生。

「年輕人該有的執著與熱情！沒有熱情就沒有一切……！」她說：「在俄羅斯那些年，面對寒冬迎面而來強勁的風雪，因為年輕，血氣方剛，壓根沒有想到害怕兩字！」

「只不過尋求一個藝術真理的答案！」馬小英在創作與寫作上堅持獨行，多次參加聯展及台北國際藝術博覽會發表油畫創作。她的畫風活潑明快、色彩細膩，素描功底紮實，深受國內藝壇好評。曾任《藝術家》雜誌駐俄特約撰述，目前從事繪畫創作、寫作、大專院校講師。

RUSSIA

Art in St. Petersburg:Russia

馬小英◎著

俄羅斯聖彼得堡藝術行旅

藝術家出版社

校長序

　　近半世紀以來的台灣，長期吸納來自歐美的文化資訊，相對地對於俄羅斯文化的了解就非常有限。雖然有人迷戀柴可夫斯基的音樂、馬列維奇與康丁斯基的抽象繪畫、托爾斯泰的文學，但對絕大部分的台灣人來說，俄羅斯是個遙遠的國度，一個長年冰封的神祕國度。俄羅斯佔地超過一千萬平方公里，橫跨歐洲東部與亞洲北部，不僅是今日世界上幅員最大的國家，約一億四千八百萬的人口數，也高居世界第五位（僅次於中國、印度、美國和印尼）。一九九一年蘇聯解體，正式結束了長達八十年共產黨統治，俄羅斯夾雜著龐大的自然與文化資源，逐步走向自由的國際舞台。

　　馬小英是台北藝術大學優秀校友，也是第一位台灣旅俄的美術創作者。她在大學一年級的時候，便已立定心志要前往俄羅斯學習。當別的學生還沒起床，這個女孩一大清早即已驅車至淡江大學旁聽俄文系的課。她隻身前往俄國，置身於斯拉夫民族的藝術情境，努力創作之餘，深入一般外國人難得造訪的古城與孤島，實際接觸當地的風土人情。四年之後她平安地自俄羅斯國立列賓藝術學院畢業歸來，不僅帶回了一批精彩的藝術創作，也帶回了這本《俄羅斯聖彼得堡藝術行旅》，內容包括俄羅斯第一文化大城聖彼得堡的藝文活動與宗教、民俗，以及幾個重要博物館的田野紀錄。藉由她流暢的文筆與靈動的畫筆，引導台灣讀者神遊俄羅斯這個「白雪中的藝術聖地」。

　　台灣與俄羅斯兩國的關係，從過去的對抗年代，走到現今兩國皆自由開放，並且經貿往來頻繁，我們除了紀念過去艱辛的一段歷程，面對當今全球化的趨勢，更應以宏觀的眼光來看待俄羅斯這個國家。《俄羅斯聖彼得堡藝術行旅》一書能在此時推出，令人欣慰，也期待作者未來有更多更好的作品問世。

郭坤良

於2004年3月

自序

　　若不是俄羅斯這樣驚人的魅力，這樣一本書是我無法完成的。聖彼得堡，毫無疑問地是我心中最美的地方，比起倫敦、巴黎……這些美輪美奐的城市，聖彼得堡美得樸素卻美得更具深度，聖彼得堡人向來矜持自傲，不像首都莫斯科人那樣地財大氣粗，聖彼得堡人永不像敵人低頭。

　　在西元一九一四至二四年德軍圍城時稱聖彼得堡為「彼得格勒」，一九二四年列寧死後至一九九一年，此地改名為「列寧格勒」，一九九一年蘇聯解體之後，才又回復原名為「聖彼得堡」。此地歷經的戰亂烽火革命與金融危機，更鍛鍊了人民頑強不屈的性格。聖彼得堡佔地一千四百三十九平方公里的聖彼得堡，今日有四百六十萬居民，二百六十個博物館，二千個大小圖書館，與六十五個音樂藝術中學，一百○九所高等教育學校，數字背後代表的是悠久綿延的文化傳統與高度智慧經驗的結晶。

　　如同俄羅斯男人拿起伏特加的酒杯時，曾說：「一瓶太多，兩瓶太少，三瓶沒完了！」我要說：「如果有機會待在聖彼得堡，第一年實在是受夠了！第二年發現此地竟蘊含大批的寶藏，第三年時你已經愛上這個城市！」

　　所有關於俄羅斯的美，我只能寫出一半，另外一半，必須由您自己親身體驗去了解，看我有沒有把要在「暴風雪中排隊只為了買一塊麵包」的俄羅斯美化了，或者寫得淺薄。

　　東方人對俄羅斯的陌生不是第一天，彼此政治與地理位置遙遠，語言不通，就更不了解對方。近代歷史中，到俄羅斯「下放」最具代表性的，是蔣經國先生，「烏拉山八年留學史」為他的政治背景，增添了英勇的光環，中俄聯姻，卻未能讓大家更了解這個冰封的世界。

　　很難解釋，為什麼命運帶領著我，避開許多矛盾與不解的歷史淵源，用「尋找美」的眼睛走進俄羅斯，又用談戀愛的心情在俄羅斯周遊這幾年，得到的收穫反而是很甜蜜的。如果本書能做為國人了解俄羅斯的一塊踏腳石，那作者便更感到了無遺憾。

　　感謝何政廣社長的提拔，不是謝謝他讓我出這本書，而是他的慧眼；感激我的父母與身邊所有的人，容忍一個「因為想到俄羅斯的美，就會一時失神掉入回憶，呈現『暫時性休克』的人」！

馬小英

於2004年2月

目錄

CONTENTS

Art in St. Petersburg: Russia

目錄

CONTENTS

Art in St. Petersburg: Russia

01.冬宮　02.彼得保羅要塞　03.以薩大教堂　04.浴血復活大教堂　05.喀山大教堂　06.俄羅斯博物館　07.夏園　08.藝術廣場　09.杜斯妥也夫斯基博物館　10.亞歷山大修道院　11.列賓美術學院　12.林母斯基高加所夫音樂學院　13.芭蕾舞蹈學院　14.博茲科夫博物館　15.庫因茲博物館　16.木偶博物館　17.聖彼得堡藝術家協會　18.蒙涅芝展覽中心　19.米海洛夫畫廊　20.蕭士塔高維奇音樂廳　21.馬琳斯基劇院　22.亞歷山大劇院　23.波修瓦大劇院　24.斯摩尼市府音樂廳　25.聖彼得堡玩具博物館　26.伏特加博物館　27.郵政總局　28.留聲機博物館　29.芬蘭灣岸　30.大學河岸

ST. PETERSBURG

31.文學咖啡廳　32.涅夫斯基大道　33.緬希柯夫博物館　34.沙皇的古玩室　35.尼古拉海軍大教堂　36.聖母升天大教堂　37.契斯馬教堂　38.列寧廣場　39.衛國戰爭紀念碑　40.沙皇村　41.契斯恰柯夫博物館　42.聖彼得堡馬戲團　43.皮草市場　44.往列寧故居方向　45.皇宮大橋　46.海軍總部　47.彼得夏宮　48.國內線機場　49.國外線機場　50.四馬橋　51.遊河　52.歐洲大飯店　53.兒童劇院　54.往莫斯科首都　55.克蘭詩坦堡

聖彼得堡
市區

迷人白雪中的藝術聖地
神祕的東正教
畫廊與展覽廳
貴族劇院與音樂廳
斯拉夫人吃吃喝喝的博物館

艾米塔吉：冬宮

俄羅斯國立艾米塔吉博物館，簡稱冬宮，坐落於涅瓦河畔，環繞四周的是海軍總部、國防部，以及寬闊的冬宮廣場。冬宮與羅浮宮、大英博物館並列為世界三大博物館之一。到聖彼得堡卻不走進冬宮一遊的人，等於到台灣卻錯過美食一樣，不進冬宮，就錯過了最上等的享受。

Эрмитаж

地　　址：191011, Дворцовская наб, д34（涅瓦河岸旁）

電　　話：311-34-65；傳真：219-47-58

開放時間：10：30～18：00

休 館 日：每週一

門　　票：外國成人250盧布、本國成人25盧布（1盧布：1.18台幣）
　　　　　攝影許可證100盧布
　　　　　外國人上網訂票，一日遊券16美金，包括攝影許可證。

交　　通：地鐵 госдинидвор 站或 невскийпроспект 涅夫斯基站下車，往涅瓦河畔方向。

網　　址：www.hermitagemuseum.ru

信　　箱：interface@hermitage.ru

附設服務：可向館內服務台預約俄、英、中、德、法文導遊。
　　　　　附設咖啡廳，販賣簡單三明治餐點、飲料。
　　　　　另有網路咖啡廳及書店，而冬宮國際之友俱樂部則提供付費選修的藝術、文化與歷史課程。

館　　慶：每年12月7日是冬宮館慶，為了紀念沙皇葉卡契林娜二世（冬宮最早館藏的建立者），每年的這一天館內均舉行盛大慶典與紀念展覽。

貼心提醒：廁所於一樓入口上樓梯右手邊，館內無廁所開放。

▼ 何謂「艾米塔吉」？

「艾米塔吉」（Эрмитаж）一字來自於法文「隱密的住所」，意思取自女皇凱薩琳大帝將自己的藝術收藏放置於非開放的隱密宮殿，自己也過著隱密的生活，冬宮的原名來自於此。

■ 遠眺涅瓦河與冬宮

■嚴冬下的冬宮早晨（跨頁圖）
■冬宮右側門面（右頁圖）

▼ 帝王殿的命運──光榮與慘烈命運合而為一

冬宮的建築是西元一七五四年女皇依麗沙白·彼得羅夫娜（Elizabeth Petrovna）命令建築師巴托羅梅歐·羅斯特利（Bartolomeo Rastrelli），用八年時間興建成的巴洛克式皇宮，動用了四千個世界一流的工匠來完成這個龐大的計畫，興建過程中還融入了新古典主義建築的藝術風格，直到一七六二年才完成這座足以炫耀國威的冬宮。一七一二至一九一八年俄國政府將首都遷到聖彼得堡，冬宮從此歷經長達二世紀的全國統治中心，代表新、舊俄羅斯王朝過去的光榮與歷史遺跡，這裡的每一處，甚至連佔地最小的房間，都說明著俄羅斯王朝的生活情景與居家方式。

冬宮的命運並未因沙皇的庇護而享有特權，一九一七年紅色十月革命後的冬宮，開始了一連串的悲劇：紅軍與兩

次世界大戰的無情摧殘與敵軍貪婪的搜括掠奪；兩次世界大戰蘇聯政府為了應付戰後外匯不足的窘況，拍賣了大批冬宮繪畫及裝飾藝術品，加上德軍入侵再度飽受戰火摧殘，冬宮成為主要的攻擊目標之一，內部也遭到火災損毀。直到第二次世界大戰結束，冬宮才脫離厄運。重建的工作以龐大的國家資源做為後盾，俄國政府宣佈以最快的速度進行重建整修，大批珍貴的皇室收藏品也重新移回宮內，少數藏品至今還在莫斯科的造形博物館裡，今日的冬宮直接隸屬國家管轄。

▼ 沙皇生活展示

　　冬宮內總共超過四百個大廳房間，館藏共三百萬件稀世珍寶，提起筆來描述這個寶藏，就像潛水進入海底世界，面對整片的珍珠翡翠，想很貪心地

■冬宮正門面

全部吞下，卻發現腦子、眼睛實在容量太
小，只能望著寶貝瞠目結舌、目瞪口呆！深
怕自己取了這顆瑪瑙，就會遺漏另一整片珊
瑚！套一句冬宮館長彼得羅夫先生的話：
「只要您帶著眼睛來，絕對會滿載而歸。」

　　關於冬宮裡的皇室生活遺跡，從進主殿
的巴洛克式約旦大使樓梯間算起，這個明亮
華麗的樓梯，反映了十九世紀流行的奢侈品
味，是一齣進入冬宮的開場前奏。

　　彼得大帝廳──紅色絲絨布刺繡著俄國
國徽，是小型的貴賓接待廳，接下來進入徽
章大廳（裝飾著俄羅斯各省分的省徽，是冬
宮最大的大廳），與愛國戰士肖像畫走廊，
這裡記錄著一八一二至一三年百餘位最英勇
善戰的將軍面容，牆上的黃金月桂葉標明了
戰事的年代與地點。

　　聖喬治大廳（又名金鑾聖殿）是歷任皇帝舉辦加冕與婚禮的大殿。遊客漫步於各廳之間，可以想像當時皇帝家族以及各國政要，著華貴的禮服穿梭於大廳的景象。二○○三年描寫俄國近代史的一部電影「俄羅斯方舟」，就是以聖喬治大廳為背景，拍攝宮廷宴會的盛大場面。

　　瑪麗雅皇后寢宮是冬宮裡少數嚴禁拍照的地方，這裡保留著瑪麗雅皇后最具私人性質且帶著濃厚春宮品味的閨房，這裡有豔麗紅石榴色緞面裝飾的牆面，與黃金鑲嵌金紅白色的雕塑，形成極度迷幻華麗的感受，牆壁後面若隱若現的寢具與圓形閃亮的鏡子，激起觀者對瑪麗雅皇后生平的無限遐思。

　　金色接待廳是另一個眩目的地方，仰頭望著捲鬚式的、棕櫚葉式的半浮雕黃金天花板，再低下頭來看看三角收藏櫃裡的袖珍寶石浮雕，突然有一種感受：「能當上極權國家的領袖，實在是一件再痛快不過的事！」

　　記得電影「哈利波特」裡的小鬼浸淫在魔法學校的一幕，那個暗沉沉的原木大書櫃、皮革壓花的寶座與巨大的石頭壁爐，冬宮裡的哥德式書房就是瀰漫這樣神奇氛圍的地方，這個美得驚心動魄的書房，提供了好的藝術品味還兼顧了周密的實用價值。

▼ 繪畫與雕塑──世界經典藝術在此

　　冬宮收藏的藝術品，主要是歐洲十五到十九世紀的經典作品，反映俄國　■彼得大帝廳（右頁圖）

皇室對於西方歐洲世界的嚮往（尤其是法國與義大利），米開朗基羅的雕塑原作在冬宮有少量的收藏，十七世紀的法蘭德斯與義大利繪畫大廳裡，展示了魯本斯充滿肉慾與激情的作品〈酒神〉，將醜陋與情色的形象，昇華為動人的藝術形象，卡拉瓦喬的經典膾炙人口之作〈曼陀鈴〉、維拉斯蓋茲與凡戴克出神入化的宮廷肖像畫與普桑的〈解放的耶路撒冷〉，此外小尼德蘭畫派的風景畫與風俗作品，以及擅長畫宗教題材、將人物拉長扭曲的西班牙繪畫大師艾爾‧葛利哥，在冬宮也收藏了他們豐富的作品。

■ 瑪麗雅皇后寢宮
■ 金色接待廳（下左、右圖）

■中古世紀歐洲繪畫
　大廳（上圖）
■聖喬治大廳（下圖）

十七世紀另一位擅長作聚光效果的荷蘭繪畫大師林布蘭特，在冬宮裡的館藏，可能連地主國荷蘭國家博物館都為之遜色，一六六○年代林布蘭特的代表作〈浪子回頭〉、〈紅衣老人〉、〈福洛拉花神〉……等，是冬宮足以傲視

全世界的鎮館之寶，難怪全世界的美術青年與藝術愛好者，源源不絕地蜂擁到這個大廳來臨摹學習。

當你同時看了米開朗基羅、林布蘭特、維拉斯蓋茲等大師的作品後，想當然耳已經精疲力竭，準備歇腳時，錯！這時才該振作起來，迎接冬宮三樓——大家最熟悉「老畫友」的精彩表演。例如馬諦斯舉世聞名的大型作品〈音樂〉、〈舞蹈〉，梵谷的麥田、莫內的荷花池、高更的大溪地、波納爾的

■林布蘭特作品〈浪子回頭〉(上圖)

■林布蘭特作品〈唐娜雅〉1636年，藏於冬宮(下圖)

森林，畢卡索的……，這些舉世聞名的畫家在冬宮裡的作品，不論是質與量都是極度驚人的，這時候只能讚嘆：「原來這些偉大的作品，都跑到俄國來了。」

▼ 歷史文物

如同一部世界的文化史，冬宮的收藏還廣泛的包括了世界上最早的古文明遺

■西班牙艾爾‧葛利哥1587-1592年作品〈聖徒彼得與保羅〉(左頁圖)

■冬宮裡展出的馬諦斯
　作品〈舞蹈〉(上圖)
■馬諦斯代表作〈音樂〉
　(下圖)

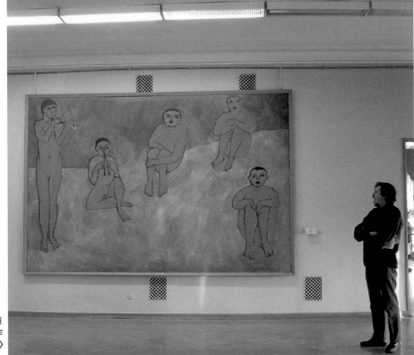

■17世紀歐洲繪畫展廳
　中的魯本斯1618年作
　品〈大地與水的結合〉
　(左頁圖)

■ 冬宮收藏法國雷諾
瓦作品〈持扇少女〉
（右圖）

■ 高更作品「大溪地」
系列，展示於冬宮
法國與歐洲繪畫廊
（左圖）

■ 冬宮裡展出的馬諦
斯作品（下圖）

■冬宮裡展出的馬諦斯作品

■古代雕塑走廊中的
　義大利雕塑作品
　(左頁圖)

跡，希臘的文化雕塑、亞洲山頂洞人的文化以及西伯利亞南部難解的外星人遺跡，還有永遠耐人尋味的古埃及石棺與木乃伊，中國的刺繡與西藏的唐卡……，進入這樣的一個集世界文化與藝術於一身的冬宮，等於進入了一個人類文化的小宇宙。

▼ 黃金屋裡顏如玉

　　除了黃金展廳需要另外購票之外，在冬宮大部分地方都可以一票參觀到底，這個展廳收藏了一八九七年北高加索山考古挖掘的成果：三至七世紀部落酋長的黃金陪葬品，裡面有各式各樣充滿創造力的動物造形黃金飾品，包括一把四世紀的索哈墳丘的黃金梳子與黃金鹿，古人說：書中自有黃金屋及顏如玉，冬宮就是這一本顏如玉的黃金屋！

■古代雕塑走廊 (左
　圖)
■正在臨摹的學生
　(右圖)

　　冬宮以兩種性質而聞名全球──世界性與民族性，除了廣大的世界精品文物收藏，還有豐富的俄羅斯民族文化遺產，冬宮正積極地從事國際交流事務，擴大在世界各國展出的機會。

▼ 學術研究中心

冬宮為世界上最優秀的學術研究中心之一，除了歷史藝術學者專家組成的學術研究室，為了妥善照顧大批的藝術文化遺產，冬宮設立了文物修復工作室，由最優秀的俄國修復師，對館藏及裝飾進行保養。

▼ 專訪冬宮館長米海爾・彼得羅夫

■筆者與冬宮館長彼得羅夫於其辦公室合影

二〇〇二年元旦期間筆者與冬宮館長進行訪談。

馬小英（以下簡稱馬）：

彼得羅夫先生您好，今天很榮幸採訪您。

館長彼得羅夫（以下簡稱彼）：

您好，第一次接待來自台灣的朋友，這也是我的榮幸！

馬：請您談談冬宮最近十年來的成長與變動。

彼：在近十年我的任期內，冬宮歷經了蘇聯崩解與經濟危機，到今天俄國擺脫專制政體十一年，走入自由經濟體系，最大的差別在於，冬宮從全靠政府財政支持，到目前必須自負一半盈虧，也就是說，以前自由比較少錢比較多，而現在自由比較多但是錢比較少，這是俄羅斯文化單位的普遍現況（館長微笑地表示）！

馬：您的專業是阿拉伯文與東方藝術，請問回教藝術最吸引您的地方在哪裡？

彼：回教世界是與我們完全不同的世界，他們有自己的哲學系統、世界觀與美學。這個領域可以讓我研究三輩子也不厭煩（笑）！

馬：據我們所知，您的父親老彼得羅夫先生也曾經是冬宮的館長，您是貴族後裔。請問這給您帶來什麼樣的影響？

彼：是的。我的父親是蘇聯時期的考古學者，他曾經領導考古隊在俄國南部的亞美尼亞地區進行古物勘查工作，我的母親是亞美尼亞人，而彼得羅夫這個姓氏是從波蘭來的。我的祖父是沙皇時期的文化大臣，負責收藏沙皇喜愛的各國珍奇藝品，這些背景令我從小對於另一個世界的文化深感著迷，例如東方的水墨畫，還有回教文化，尤其是阿拉伯文的線性字

體，於是我當時就下定決心要學習東方文化。

馬：請問您對於冬宮未來的發展計畫為何？

彼：我最大的責任就是維持冬宮現有的狀態，沙皇時期到今天的所有歷史，
館內的史前文化，各時期的歐洲與俄國油畫與雕塑作品⋯⋯，不遭到任
何的破壞。這樣的目標，需要很多先進的科技，很多學術的研究，當然
也需要很多經費。

馬：請問二〇〇三年時聖彼得堡三百週年城慶時，冬宮將扮演什麼樣的角
色？

彼：冬宮位於聖彼得堡市中心的心臟位置，當然參與這個盛會，聖彼得堡今
天的樣貌是由沙皇彼得大帝一世一手建築而成的，我們有關於他的盛大
展覽，而冬宮廣場上將有世界級的音樂家演奏與遊行，這將會是一次豐
富又有深度的全城性節慶！

馬：請您給像我們這樣到冬宮的外國參觀者，一些簡短的特別建議。

■希臘羅馬雕塑大廳　彼：冬宮的館藏像是一個萬花筒，對於各種人不分國籍，只要對世界還有好

奇心，我們都可以滿足他們。從八歲的小孩子，到八十歲的祖父，都可以找到有興趣的東西，喜愛古歷史例如埃及文化，或是愛好繪畫藝術的人，喜歡現代藝術的人，或是喜歡皇家家具的人……，總之要帶著一顆年輕的心，睜大眼睛到冬宮來尋寶，就可以在心靈上滿載而歸！

馬：最重要的問題，請問您，冬宮的館藏有可能到台灣去展出嗎？要透過何種程序？

彼：冬宮對於國際交流展也相當重視，我們樂意發展與台灣的關係，前提是「如果中共不阻礙的話」（笑）。這個問題，並不是那樣方便，但是一九九七年我們曾與台灣作了一次絲綢之路的文物展覽與中國水墨畫的交流展，那是一次很大的展覽，所以辦展覽並不是沒有可能性的。

馬：請問您如何評斷年輕藝術家的潛力，冬宮是否也收購當代的年輕藝術家作品？

彼：我的工作不是像星探一樣捧紅與挖掘當代的藝術家，有更專業的藝評人員從事這樣的工作，如果年輕畫家像馬列維奇一樣出名，我們會購買他的作品。

馬：可惜活著的馬列維奇並不存在！

彼：（笑）是啊！這個問題有點難，因此冬宮的購買部並不以收購當代藝術為主。

馬：今天很謝謝您的配合，《藝術家》雜誌希望有機會邀請您到台灣去作訪問。我們寶島台灣的冬天可是溫暖宜人的！

彼：謝謝您的邀請。

附：由於彼得羅夫先生的協助，我們取得冬宮內部禁止拍照區域的攝影權，使得冬宮的完整面貌得以首次呈現在台灣讀者面前。

▼ 輕鬆一下

黃金孔雀鐘
冬宮內部的北廂房，靠近涅瓦河岸的豪華大廳裡，有一隻純黃金打造的孔雀鐘，於每週三下午五點準時開屏，向觀眾炫耀其華麗閃亮的羽翼，欲前往拍照的遊客請提早前往排隊，以免被擠在蜂擁而至的人牆之外！

黃金馬車
彷彿「灰姑娘」裡被仙子施魔法後的南瓜馬車，冬宮的黃金馬車絕佳的夢幻造形，是一七一七年彼得大帝在法國定製給女皇加冕用的禮物，這部「南瓜馬車」是純金打造，過午夜十二點依然如假包換，是冬宮的鎮館寶之一。

■值得一提的是俄國人從來不吝於顯示自己的價值觀與審美品味,例如俄國流亡海外的音樂性繪畫祖師爺康丁斯基與美國的傑克森‧帕洛克,雖然深受西方世界吹捧甚至被奉為「神」,到冬宮展出卻被陳列在頂樓最偏遠的房間裡,不僅遊客以實際的拒看表達對現代抽象作品的否定,甚至連看門阿婆也冷冷地丟下一句:「美國人想以一塊黑漆漆的黑色方塊攻進俄國,給他一個小小的角落,已是俄國人最慷慨的善意了!」

■每週三準時開屏的
　黃金孔雀鐘(右圖)
■黃金馬車(下圖)

絢麗的沙皇避暑勝地
彼得夏宮

如果說凡爾賽宮是法國炫耀國力的宮殿，那麼彼得夏宮無
疑是俄國向世界宣告她走向國際霸權時代的重要地標。

Peter the Great's Summer Palace

地　　　址：198903, Пе трдв а рец , Разводная ул , д 2

電　　　話：420-00-73；傳真：427-93-30

開放時間：10：30～17：00

休 館 日：每週一，冬季噴泉不開放

門　　　票：外國人200盧布、俄國人50盧布

交　　　通：夏日前往夏宮，最方便的方法就是乘坐飛翼船，可以沿途瀏覽芬蘭灣
　　　　　　的風光，享受飛翼船快速前進的快感。

夏宮位於聖彼得堡北方芬蘭
灣森林中，距聖彼得堡市約三十
公里，佔地近千公頃，是歷代俄
國沙皇的避暑勝地。夏宮建於一
七○五年，一七五五年完工後，
彼得大帝生前每年必來此度夏。
十八世紀初，由彼得大帝設計的
藍圖興建夏宮，建築本身沉穩莊
重，其噴泉池金光萬丈，中間的金色雕像可以噴出二十公尺高的強大水柱。

　　這種令人目不暇給的華麗感，除了融合文藝復興時代講究對稱的美感、
巴洛克式的華麗，更結合了俄國人好大喜功的品味，說明了俄羅斯當時的治
國策略：「融合西方經驗，創造俄羅斯新時代」，也暗示了日後俄羅斯對國
際舞台的蓬勃野心。

▼ 宮殿

　　噴泉、宮殿、花園，是三個組成夏宮的重要角色，而每個部分皆有其驚
人之處。整個宮殿中最具代表性的會客廳，共有三百六十八幅肖像作品，框
著金邊展示著沙皇家族的面孔，使整個大廳瀰漫著低沉華麗的合音。

■運河間的夏宮
■大力士噴泉（右頁圖

34

當你漫步在宮中，立即感受到一股好像自己也身為貴族的傲氣，不由得下巴抬高，昂首闊步起來！難怪俄羅斯人窮，卻總是拿著鼻孔看人，因為身為斯拉夫民族的俄國人是值得驕傲的，基本上筆者也同意這一點。

▼ 上花園與下花園

環繞夏宮的是位在南北各一方的花園，上花園是夏宮北方花園，總共有五個大型噴泉，安排在剪裁別致的矮樹叢裡。南方的下花園連著一個長達數百公尺的運河，當年前來晉見沙皇的歐洲各國使節，可乘船抵達，下船經過百花盛開的上花園後，再俯身仰頭等候沙皇的召見。這裡除了噴泉以外，還有瑪爾麗宮、隱士盧宮，和蒙普拉依宮殿，今日宮殿全部對外開放，並且展示彼得大帝一世的生活御用品與他收集的西歐繪畫。

▼ 百變噴泉

說實在的，夏宮噴泉比宮殿內部的可看性高得多，千奇百怪的噴泉，不論是幽默或是壯觀，都很有看頭。

噴泉分為中央大瀑布與雕像噴泉兩部分，歷時七年工程的中央大瀑布是一座離地平線高一百公尺的三層式瀑布，由一流建築師亞歷山大·連波朗，與不同領域的藝術大師所協力完成，分散於七層階梯上的十四座垂直噴泉水柱，透明水花從二十公尺的高度直接落下，如此絢麗的規模，是彼得大帝向北方耀武揚威的最佳利器。

大力士曾參噴泉：是由《聖經·舊約》裡的故事而來。一名力拔山河氣蓋世的曾參，因為迷戀上妓女，被其弄瞎雙眼、剃掉全身毛髮，而喪失全身氣力，在向上帝禱告後決志悔改，最後推倒了皇宮柱，壓死了罪惡的人，也毀滅了自己。

彼得式的幽默──惡作劇噴泉：花園內有多處設有隱藏式噴泉，不小心走過踏到機關，就會開始向上噴水。

太陽噴泉：太陽噴泉是一座藝術與娛樂價值兼具的噴泉，太陽豎立在十四隻噴水的金魚中間，由細長的水柱，象徵著永恆發光的太陽。

金字塔噴泉：一七一二年由密柯欽所設計的金字塔噴泉，是由五百五十個水柱組合而成，從七層階梯噴上又往下奔濺，如同一個活水的紀念碑。

防風林上的海神防：鄰近芬蘭灣中的防洪坡道上，種植了一排抵擋強大波羅地海海風的防風林，並裝飾著四組雕像與兩組噴泉，這個半人半神的海神雕像，是其中最具特色的一個。

▼ 蒙波里季爾宮殿

蒙波里季爾（Монплезир）在法文中的意思是：令我心滿足的。蒙波里季爾宮殿是夏宮中彼得大帝最鍾愛的濱海小屋，屋內最有特色的是一間澡堂，是皇帝使用的俄式三溫暖浴室，其特色是炭火燒烤石頭的蒸氣浴，洗後要用白樺樹枝拍打全身以促進血液循環，這種三溫暖是我國從上到下的全民運動。

■中國風大廳屋頂

■白色盛宴食堂

■蒙波里季爾宮殿

▼ 更勝中國的「中國風大廳」

　　西方人眼中的中國，總帶著奇妙幻想
的色彩，外國人眼中的中國紅，與實際在
中國紫禁城裡的中國紅，有著極大的差
異。凱薩琳宮殿中有兩個中國風味的廳
房，可以反映西方人對東方美遙想的極
致，一個是中式會客室，牆上是絲絨布刺
繡的中國式山水，題目是「中國人的生
活」，有瘦小的小橋流水，精密的喜鵲與
梅花庭院。桌上放著從十二到十五世紀從
中國與日本進口的瓷器，全是俄國人眼中
的東方情調。另一個中國式廳房，是沉色調的漆器佈置，從天花板到地上的
每一吋，都是上漆的深咖啡色的檜木鋪滿，沉沉的深棕色、黑色、大紅、大
綠與微量的金色，造成一個奇妙的視覺效果。三世紀前中國風吹到俄國，去
除了儒家保守封建的外衣，俄國師傅將這個漆器的美更推近唐朝崇尚「蓬勃
豔麗」的審美趣味，文化隔閡造就了另外一種「俄國式的中國美學」。

◀皇后的音樂書房（上圖）
◀皇后寢室（下圖）

淘不盡的藝術寶藏

國立俄羅斯博物館

不同於文藝復興時期繪畫，以透視學與解剖學為基礎，
俄羅斯的人物繪畫更強調「刻畫人物的心理狀態」這種
特質，造就了無數不朽的佳作，其中以位於博物館二樓
的人物油畫創作，被推為首席鎮館之寶。

Государственный Русскиймузей

地　　　址：191011, Санкт‑Петербург, ул. Инженерная, 2

電　　　話：(812) 219-16-15，314-34-48；傳真：314-41-53

開放時間：10：00〜17：00

休 館 日：每週二

門　　　票：外國成人250盧布、小孩及學生120盧布、俄國成人20盧布
　　　　　　攝影許可證50盧布

交　　　通：地鐵Невскийпроспект站；公車25、22；無軌電車2、5、12、34、
　　　　　　14；有軌電車1、5、7、10、14、22、44

網　　　址：www.rusmuseum.ru

全世界第一間專
門收藏俄國經典藝術
作品的博物館——國
立俄羅斯博物館，是
一本活生生的俄國藝
術史，全館收藏四十
萬件俄羅斯的藝術精
品，從七世紀修道院
裡的聖像畫、編織藝
術，到十九世紀的俄
羅斯巡迴畫派，直到
一九一七年十月革命以後的未來主義、立體派到馬列維奇等俄羅斯前衛主義
盡覽其中，有寫實風格、抽象風格，有講究形式，或是講求畫面內容的…
…，在這裡可以滿足您對寫實主義藝術好奇或是好學的任何願望。

　　博物館本身建於一八一九年，當初建館目的是給沙皇太子米海依洛的宮
殿，並且曾經是女侯爵依蓮娜的貴族沙龍聚會所，和柴可夫斯基作品的首演

■華燈初上的俄羅斯
博物館

音樂廳，這裡聚集了來自首都
與全國各地的菁英分子、政
客、文藝界人士……。至今這
座皇宮經歷了風光時期、兩次
戰爭摧殘與重建（第二次世界大戰時四顆五百公斤的大砲落於宮殿圍牆四
周，卻奇蹟似地未傷及要害），今天的俄羅斯博物館依然保持著當時沙皇時
期的完整原貌，並且更拓展了藏品與行政的規模。

▼ 鎮館之寶一──巨型人物創作

俄羅斯油畫藝術，以「深厚的學院基礎，與深刻頑固的民族個性」兩大
特質，與歐洲各時期的繪畫，產生明顯的區隔。

不同於文藝復興時期繪畫，以透視學與解剖學為基礎，俄羅斯的人物繪
畫更強調「刻畫人物的心理狀態」這種特質，造就了無數不朽的佳作，其中
以位於博物館二樓的人物油畫創作被推為首席鎮館之寶。

廣義人物繪畫包括肖像、歷史題材繪畫、風俗繪畫、神話題材……等不
同類型。首先映入眼簾的是瓦斯涅左夫（Васнецов，1848～1916）的作品
〈三叉路口上的勇士〉。他擅長歷史文學題材，以鮮明的色彩與簡單的構圖，

■瓦斯涅左夫的作品
〈三叉路口上的勇士〉

41

敘述著古俄羅斯武士佔地為王的一段歷史。

　　此外，還有蘇理科夫（В. И. Суриков，1848～1916）與伊利亞‧列賓（И. Репин，1844～1930）兩位大師的巨型展廳。〈攻陷雪城〉，是蘇理科夫一八六八年所作典型的風俗畫，歌頌俄羅斯每年冬季二月的民俗節慶「謝肉節」（在聖誕節後大齋40日後的狂歡節慶），敘述壯丁必須騎大馬跨越雪門的景象，畫中雪白色佔據畫面中主要面積，但其層層疊疊的色彩冷暖關係細緻微妙，使白色展現了豐富無比的層次感，藝術形象鮮明。另外一幅三層樓高的蘇理科夫的巨型繪畫〈阿爾卑斯山突圍〉，是記錄土俄戰爭（1768～1774）的歷史畫，畫中主角蘇瓦洛夫將軍率領俄國健兒，在險峻陡峭的山腰，衝破土耳其軍隊包圍，衝下山崖最驚心動魄的一刻。此外作品的旁邊還

■列賓的作品〈1901
年國務會議一百週
年慶〉1901～1903

展示了畫家的數十張創作草圖，包括對每一個人物的服飾考據與動態，與面部表情……，讓觀者了解天才畫家對大型油畫的創作過程，是金字塔式，穩固基底的層層搭建，而非即興式的一蹴可及。

俄羅斯最偉大的天才之一伊利亞・列賓，其名作之一〈札波羅土人給土耳其蘇丹回信〉是一幅令人拍案叫絕的佳作，畫中展現俄羅斯南方人的豪邁性格，畫中每一個人物的「笑」是表現的主題，有二等小兵疑惑的傻笑，將領爽朗的開懷大笑，有旁觀者的訕笑，參與者的奸笑……，畫家將視線整合於正在寫信給蘇丹國王的作者上，畫面近處加上遠處的戰火梟梟，直橫交錯的架構，構成了這張讓人回味不已的巨作。除此之外，還有擅長豪放大筆的阿爾希波夫（A. E. Архипов，1862～1930）的作品〈女勞工〉，或是以擅畫

43

俄羅斯村婦紅裙的畫家馬利亞溫（Ф.A. Ma ля вин ，1869～1940）的作品
〈旋轉舞〉。每一張作品都足以讓欣賞者眼睛與全身毛孔舒張。如果說遊歷俄
羅斯博物館是人間一大享受，一點都不為過！

▼ 國會大廳巨型油畫經過修復，重新展現在世人面前

　　列賓最大的作品〈一九〇一年國務會議一百週年慶〉，是俄羅斯國會委
託畫家製作的巨型創作，經過俄羅斯博物館專家的修復，配合當時的原版會

■列賓〈札波羅土人給土耳其蘇丹回信〉（局部）

議文件，近日才重新開放展現在觀者眼前。這幅明亮耀眼的作品，散發出巨大的能量，足以讓觀者一時愣住，回神過來才能仔細靜下來觀賞作品。觀者的視線繞著八十位著黑衣盛裝的國會議員層層旋轉，最後觀者的視線停留在沙皇尼古拉二世的身上，列賓成功地掌握了八十位議員的心理狀態，對於這批影響近代俄國命運的國會議員，作了生動的刻畫，列賓與學生合力完成這項空前的創舉。

俄羅斯博物館與位於莫斯科的特列基亞畫廊最大的不同處，在於設有實用裝飾性藝術部門，展示古俄羅斯人日常生活用品，例如民族服飾、各種紡織工具、聖像畫與宗教禮拜器物，展現了古俄羅斯不同社會階級的生活美學。此外值得一提的是，俄羅斯博物館內設有專門的「修復部」，一批專業的修復人員長期定時地為污損的作品作整修，經過他們的巧手，可以使晦澀暗沉的古老藝品，展現煥然一新的動人面貌，加上現代科技的幫助，使博物館裡的館藏始終能保持最佳的狀態。

▼ 鎮館之寶二──經典風景油畫

除了人物繪畫，國立俄羅斯博物館內的風景繪畫，堪稱第二鎮館之寶！俄羅斯風景繪畫在整個油畫領域裡佔有非常重要的位置，他們的作品不僅忠

實地呈現俄羅斯大地的美景，更表現了自然界充滿了人性的一面。

不可不提到的畫家首推依萬・希斯金（И.И.Шишкин，1832～1898），他的森林畫是一項令觀者瞠目結舌的絕活，希斯金以驚人的記憶與對空間的理解力，將森林裡的濕氣、溫度，與穿梭在茂密、粗細不一樹林裡的陽光，作了極佳的詮釋。希斯金在學院畢業後曾赴歐洲進修，返國後曾在日記本寫著：「我的座右銘是成為真正的俄國人——俄羅斯萬歲！！」充分地顯示出大斯拉夫主義的愛國精神，與展現俄羅斯之美的決心。希斯金畫面的效果不僅超越了照片的能見度，更提昇了視覺上的美感，例如作品〈造船原料的森林〉，就是希斯金的典型代表作。

第二位風景畫大師列維坦（И.И.Левитан，1860～1900），在坎坷的身世與多病早逝的四十歲壽命裡，將俄羅斯的風景油畫注入了一種詩人氣質與清高的境界。列維坦早年的貧困生活深深影響他的個性，在其友人回憶錄裡曾寫到：「列維坦只有藏身大自然並且躲在畫布前時，他才能感到最舒適自在，因為這時沒有人注意到他身上的破爛衣物與臉上不安的表情！」當年列維坦還是個一文不明的窮畫家時，大收藏家特列基雅慧眼識英雄地收購了一

批他的作品，但是列維坦卻立即將金錢花在訂製盛裝上，以掩蓋自己長久因為貧窮而被扭曲的自尊心與物質慾望，成名後的酗酒習慣更加速他完結悲劇的命運。列維坦畫陰天下的俄羅斯泥土、炙熱陽光下的大草原、伏爾加河邊的修道院與白樺樹……，卻令人感到一種人類情感在背後歌唱，不管是淡淡的憂傷或是歡愉跳動的喜悅。評論家別林斯基曾說：「列維坦不是畫風景而是在畫俄羅斯人的內在！」例如作品〈黃金之秋〉、〈傍晚〉等，都是其經典名作。列維坦曾與著名小說家安東・契柯夫是私交極好的朋友，他們不約而同地在作品裡尋找「俄羅斯大地的心靈」。從列維坦的畫面中，我們可以感受到不受形象約束的人性溫度。

　　第三位風景畫家為艾凡索夫斯基（И. К. Аванзовский，1817～1900），他的海景畫在風景畫藝術裡佔了一個獨唱的位置，用不透明的油畫顏料，表現透明、川流不息、瞬息萬變的大海，浪濤的速度、浪花的噴濺與海洋的深度……，展現暴風雨的巨浪與日出時的寧靜，其作品〈諾亞方舟的最後一日〉，就是表現了艾凡索夫斯基畫海景的拿手絕活。

▼ 鎮館之寶三──二十世紀蘇聯時期的現代繪畫

　　俄羅斯博物館收藏了到上一世紀為止，所有俄國繪畫流派，其中蘇聯時期美術因為史達林與列寧時代政治背景特殊，所形成的文化更是別具一格，是重要收藏項目之一。這一時期的藏品可分為三大類：第一類紅色專制政權下的產物，其中以約甘松作品〈審問共產黨黨員〉為代表；第二類蘇聯時期的海外活動分子，其中以馬列維奇所領導的至上主義代表作品〈黑色方

塊〉,與夏卡爾的歡樂夢幻式繪畫最具代表;第三類為完全不受政治影響的寫生畫派,其中以畫家茲維爾柯夫(Е. И. Зверков)為代表,他們延續了巡迴畫派的外光式寫生,但是表現的題材是單純的農村生活,代表作是悉達羅夫(В. М. Сидоров)的〈兩棟老房子中間〉。

▼ 國立俄羅斯博物館館長伏拉基米爾·古榭夫專訪

馬小英:您好,伏拉基米爾·古榭夫先生,首先謝謝您百忙中抽空接受採訪。

館長古榭夫(以下簡稱古):很歡迎您,台灣來的朋友。

馬:據我所知,您是列賓美術學院藝術評論系畢業,是什麼原因讓您從評論者的身分,搖身一變為俄羅斯最重要的博物館館長之一?

古:是的!我很感謝六年在列賓美院藝術學習的那段時光,那段時間對我來說非常珍貴。從前蘇聯時期,身為一個俄羅斯畫家,例如我大學時期的

■ 蘇聯時期:馬列維奇代表作之一〈在野外的姑娘〉(1928~1932)

同學，有國家的強力支持為後盾，例如政府給優秀畢業學生工作分配與房屋配給。一九九一年蘇聯政府正面臨最後的瓦解，我從畫家變成這些偉大俄羅斯作品的維護與推廣者。

■ 俄總統普丁、美國總統布希和館長古謝夫在俄羅斯博物館

馬：近三年裡，俄羅斯博物館最大的變化是什麼？

古：蘇聯解體後，俄羅斯博物館收回之前許多原屬於宮殿，但是被政府化為「行政單位」的建築（俄羅斯博物館除了米海洛夫宮殿本身，是許多大小宮殿的綜合組織），這些建築物我們重新整修規畫，設計展覽，重新展現在市民面前。

馬：俄羅斯博物館收藏中多如天星的佳作，您個人的藝術品味比較傾向哪一方面？

古：我個人鍾愛「白銀時期」的繪畫作品，這些作品比較接近我的天性（白銀時期指的是十九世紀末期，巡迴畫派以後的一派作品，例如畫家馬利亞溫）。

馬：台灣人從小受的升學教育，使美術淪為其他學科的附庸，西方藝術史對大部分台灣人的意義就等同法國或是義大利，對俄羅斯偉大作品則完全陌生，請問俄羅斯的藝術教育如何深耕？

古：這個問題很好！雖然我不了解所謂的「台灣升學教育體系」，但是藝術對於今天有「教養的俄國人」來說，不是每半年到博物館裡看一張畫或是上一節美術課這種事，而是生活，包括說話、穿衣服……，與看到的每一件事，「美」是人人喜愛的，這可能是我們廣大美麗的國土帶給我們的天性。雖然俄國的經濟狀況並不如台灣或是歐美來得理想，但是我們聖彼得堡的市民用有限的收入，用買票行動證明，來支持上百家大小劇院、音樂廳和美術館的營收，這種情況卻不是每一處都有的，我不能說全俄國（事實上俄國也有大半荒涼的地區需要藝術耕耘），但是至少在聖彼得堡，「藝術」是人民的一種生活習慣。

馬：俄羅斯博物館每年兩次推出的特展，例如「俄羅斯印象派」或是近年的

「神聖的一八六○年代」，是不是有意將俄羅斯藝術與法國印象派與庫爾貝領導的社會寫實主義相提並論而引起話題？

古：藝術的流派是全世界文化激盪交流產生的，在工業革命以後全世界有一種共通的腳步與思潮，我們推出這些展覽，一方面是整理俄羅斯藝術史資產，一方面是呈現給民眾最精彩的歷史文化軌跡。「俄羅斯印象派」特展中的風景與人物作品同樣是用外光派寫生的方法來完成，可是如果您仔細看，會發現俄國畫家始終在表現深沉的人性內在，而不像法國莫內與雷諾瓦的甜美，或是純粹描寫光影變化。

馬：對於俄羅斯繪畫的未來，您有什麼看法，「她」會向歐美的現代主義藝術形式靠攏嗎？

■ 國立俄羅斯博物館
館長伏拉基米爾·
古榭夫

古：這是很難回答的問題。據我所知，國內的文化風氣，近幾年國家的行政方向改變，是有連帶的影響。但我們不能說它是歐美轉向，或是什麼其他的。就歷史發展而言，俄羅斯的藝術總是吸收世界的精華而轉變成斯拉夫民族的形式，不管怎麼變，俄羅斯終究是俄羅斯，我不能預測未來，但是我相信這個轉變是好的。

馬：您記得六年前曾經有台灣的書法家董陽孜與林懷民的舞蹈團體，申請在您的博物館裡作展出，結果被拒絕，這是怎麼一回事？

古：很遺憾，當初我們的立場是拒絕台灣來的申請。這是一件很複雜的歷史，一九九三年蘇聯政府瓦解十年後的今天，俄羅斯必須與中國大陸維持友好但是「若即若離的關係」，畢竟中國大陸離俄羅斯比台灣來得近（笑）！當然其中還包含經濟因素在內，造成這個不愉快的結果，也許十年或是二十年後情況會有所改變！

馬：世界冷戰早已結束，敵對與冷漠不會戰勝伸開胳臂的雙手。我們台灣人的熱情永遠存在，這就是為什麼我們希望與您做友好的接觸！

古：謝謝！我同意！

馬：請問國立俄羅斯博物館在即將到來的今年（2003）五月「聖彼得堡三百週年城慶」裡，將有什麼樣的慶祝活動？

古：每年的五月十八日是俄羅斯博物館館慶，這一天在普希金藝術廣場會有免費盛大的音樂會，館內為市民提供免費的導覽，請大家拭目以待。

建城的開端

彼得保羅要塞

彼得保羅要塞是聖彼得堡城歷史的源頭，聖彼得
堡的誕生之地，它是以彼得大帝的祖父保羅同名
的聖人做為命名依據。

Петропавловский Крепость

地　　點：197046, Петропавловская крепость, д.3

電　　話：238-45-40

開放時間：10：30～17：30

休 館 日：每週二

門　　票：外國人100盧布、本國人25盧布

附設服務：城牆外附設咖啡廳，有簡餐販賣

　　凡是到聖彼得堡的人，沒看到彼得保羅要塞，就像到巴黎，沒有看到巴黎鐵塔一樣。

　　彼得保羅要塞是聖彼得堡城歷史的源頭，聖彼得堡的誕生之地，它是以彼得大帝的祖父保羅同名的聖人做為命名依據。同時，高度一百二十二點五公尺的彼得保羅要塞也是至今城內的最高點，因為根據現在的建築法規定，任何市區建築不得高於彼得保羅要塞。

　　西元一七〇三年由彼得大帝親自主持的破土典禮中，在此地放下彼得保羅要塞的第一塊基石，城堡四周的大運河與六角形的石頭圍牆有防禦外敵的功能，因此城堡又可翻譯成為「要塞」兩字。彼得保羅要塞於一七一二到三三年興建，從這裡的上空可以俯瞰，登上純金鐘塔，可以俯瞰堡壘與整個城市風光，鐘樓頂端的純黃金天使已經消失多年，直到二〇〇三年才整修裝上，重新站上守護聖彼得堡城的精神象徵位置。彼得大門上飾有雙頭鷹，是俄羅斯今日的國徽，雙頭鷹一手執杖，一手執掌全球，充分表明了俄羅斯中央集權的國風。

▼ 最大的政治監獄

　　所有政壇上的偉人，往往有雙面或多面陰晴不定的性格，俄羅斯的彼得

■ 冬季的彼得保羅要塞
■ 彼得保羅教堂中庭（右頁圖）

大帝亦是。當年他如風火的專制行政作風，雖造就了俄國當年的盛世，另一面也顯示他猜疑暴躁的個性，彼得保羅要塞原本建造的功能是抵禦外敵，但是從沒加入過戰役的要塞，卻在當時很快地變成一個監禁政治囚犯的監獄（人說此地是俄國的巴斯底監獄）。第一個犯人，就是彼得大帝的兒子阿列克謝，因為他柔弱斯文的個性，常與父親急功近利的野心大相逕庭。因為反對父王改革政策的阿列克謝，遭受毫不留情的對待，成為彼得保羅要塞有史以來第一名政治犯。

當年陰森黑暗的政治監獄中，充滿了許多令人乍舌的怪誕刑具，例如長十公尺的頂部削尖的鐵棒，這種可順著人的下體直叉到腦門的刑具，是懲罰不守貞節的婦女、散佈邪教謠言的巫女。對付不守戒律的修士，或是

■尼古拉二世全家，今日被安葬於彼得保羅要塞

衙門中的叛賊，佈滿鐵丁的棺材，可以活活戳死犯人一命歸西。這些刑具一一展示在今日參觀者面前，毫不保留地證明中世紀小說中在位者慘不忍睹暴行的真實性。

▼ 彼得保羅要塞內部──教堂的皇室墓地

彼得保羅要塞內部包括花園、監獄區、教堂與博物館。教堂原本是沙皇做禮拜的地方，最後也成為安葬他們的墓地，在這裡安葬著名的彼得大帝、尼古拉一世、彼得二世、約翰六世……，以及最富悲劇色彩的最後一任沙皇尼古拉二世的家族。對廣大的俄羅斯人民而言，沙皇家族象徵最崇高的神權，但是這個神聖化身卻結束在疑心病重、擔心沙皇復位的列寧手上，他一聲令下使流放西伯利亞的皇室慘遭抄家，彼得保羅要塞最後也成為安葬這段死不瞑目歷史悲劇的場所，終結皇室與無產階級拉鋸動盪的時局。

▼ 天體營與沙雕展

彼得堡羅要塞城牆外圍的夏季沙雕展，是聖彼得堡非常新鮮的活動，二〇〇三年首次舉辦，即引來上萬的民眾參觀。由於日曬充足，夏天的彼得保羅要塞外圍原本是一座露天的天體營，這回加上一列有趣的沙雕作品，可真是熱鬧滾滾。

■1714～1718年建造的彼得大門，中央是俄羅斯雙頭鷹國徽（左頁圖）

培育偉大藝術家的搖籃

俄羅斯國立列賓美術學院

一九九九年時我子然一身，唯一的資產就是一身對藝術的熱情——想到列賓與柴可夫斯基，全身興奮沸騰的藝術細胞就飛揚起來。

Государственная Академияим. Репина

地點：199030, НабУниверская, д.17

電話：323-65-48（兼傳真）

交通：乘地鐵到Василеостровская站下，往涅瓦河方向走，看到涅瓦河向左轉；小巴士147、289；公車7；有軌電車5。

信箱：repinol eg@mailru.com（外辦信箱）

▼ 我的母校——俄羅斯國立列賓美術學院

寫自己很難，寫自己的母校更難，因為要揭開生命中的一段歲月，剖析自己與環境的關係並且給予他們評價。

一九九九年，紅著眼眶、帶著父母的祝福，頭也不回地走進中正機場的海關，一頭栽進零下三十五度的白雪世界，為的是什麼？是取得俄國藝術的寶藏。四年後，夾著鼻酸、帶著俄國朋友的期望，頭也不回地返回家鄉台灣，為的是什麼？是為與國人分享我的學習成果。

還好眼淚沒白流，藝術家的多愁善感，沒有隨東風飄逝，藝術家的熱情，不會因挫折和寒冷而凍結，只會愈挫愈勇！

▼ 俄羅斯人歧視外人嗎？

有人問我列賓美院裡排外嚴不嚴重？對黃種人會不會歧視？有沒有欺負你一個東方女生？我必須回答，當你把藝術視為「唯一溝通語言」時，就沒有所謂的排外或是歧視黃種人這回事。相反地，如果你將俄文視為唯一溝通管道時，歧視就無所不在！俄國人當然是偉大的斯拉夫人民，只要有知覺五官的凡人，驚見俄國的大自然與藝術上輝煌的成就，內心都會被征服、被打動！大學教授是，賣麵線的阿婆亦是！

■ 列賓美院正面景觀
（右頁圖）

58

▼ 作品勝負決定一切

當我拿出別具心裁、引人入勝的作品時，面對觀眾，即使口拙，觀者也會鼓掌（不管他是白人還是黑人），「一切用作品來溝通」，這就是藝術無國界的無窮魅力。

中國人說：定、靜、安、慮、得。這句話我到俄羅斯才體會到。當一切，只剩下窗外的白雪、畫布跟自己時，沒有電話鈴聲，沒有到處閃爍的商店，更沒有夜晚巷口冒煙的滷味與雞排，我也沒被遺忘，因為至少唯一的朋友——畫筆並沒有遺忘我！也只有這時才會發現自己真正想畫的是什麼？我全心投入寒風冰雪的環境，全意讓自己進步時，才逐漸感覺在俄羅斯沒有「外人」跟「內人」的差別，因為無可置疑地我已身為其中一分子。

以下介紹俄羅斯國立列賓美術學院與油畫系的五個工作室，這五個工作室高掛寫實主義的招牌，卻風格迥異。每個工作室延續了學院優良的傳統，若要細數一七五七年沙皇彼得大帝時期在涅瓦河畔創校以來的兩百多年歷史，及曾領導各工作室的教授，等於打開了一部近代俄國美術史。

■位於涅瓦河畔的俄羅斯國立列賓美術學院（跨頁圖）

▼ 五個油畫系工作室

寫生畫模特兒，有人說是落伍的，有人說是「低級的形象摹寫」……，這種種的爭論永遠不會在列賓美院發生。學生從早到晚大量地畫人物模特兒，永遠是這個學校在世界上獨領風騷、引以為傲的悠久學習傳統。「畫不好人物，難道可以稱作畫家嗎？」是這裡每個人都認同的價值觀！油畫系裡

的課,學生除了選擇工作室之外,沒有選課自由,很呆板地全是必修課,從早上的素描課,接著油畫課,接下來是下午的文化課與解剖學、材料學、透視學……,每天不斷地努力畫著,六年下來練就了學生眼手合一的絕對基本功力。

畫家畫模特兒,在台灣可說是賒本的工作,所以很少人願意投入,因此國內呈現的寫實主義種類樣貌非常單薄,在俄國畫人物是主流,各式各樣的人物畫家如過江之鯽,樣貌繁多。這種豐富樣貌的寫實主義傳統,起源於學校教學系統,一塊布,一個背景,搭配不同姿勢的模特兒。畫模特兒可以畫的調子很豐富,結構很深入,對象心理狀態的探討,使整體又很耐人尋味……。不同工作室代表不同的審美趣味,取決於每位領導教授那雙如何挖掘美的眼睛與心思。

梅爾尼柯夫壁畫工作室(印象主義畫家格拉巴爾畢業於本工作室)

審美趣味:英雄式的人體素描作業與裝飾性的平面效果。

指導教授:梅爾尼柯夫,現為蘇聯人民藝術家,作品包括公共空間大型壁畫、馬賽克壁畫與無數膾炙人口的油畫作品。為了大型壁畫製作,學生作

■薩卡洛夫與學生馬小英合影於工作室

品必須在遠距離觀賞下呈現巨大的表現效果，因此該工作室的素描，要求極度英雄式誇張的人體肌肉效果與聚光效果。為使作品達到公共空間的裝飾性，老梅在指導油畫作業上也極度愛用紅色與對比色的襯布，來加強色塊間活動跳躍的視覺效果。

元老級師資：本工作室的師資均為掌握校內俄羅斯藝壇發言權的元老級人物，除了俄羅斯美協主席梅爾尼柯夫以外，現任系主任瓦連金諾維奇也是本工作室的油畫教授之一，本工作室作品水準精良，上從教師下到學生都充滿了權力角逐的火藥味！

薩卡洛夫油畫工作室（畫家約干松畢業於此工作室）

審美趣味：古典銀灰色調的油畫感與堅實的素描基礎。

指導教授：薩卡洛夫，蘇聯人民藝術家、油畫家，擅長風景畫與人物

■大量紅色系的作業是梅爾尼柯夫工作室的特色之一（上左圖）

■期末成果展，展示學生三個半月的努力（上右圖）

■期末成果展覽一景（下左圖）

■馬賽克壁畫研究也是術科研究課程之一（下右圖）

Моргунов М.

64

- 英雄式誇張肌肉結構的素描是梅爾尼柯夫工作室的素描教學特色（左圖）
- 梅爾尼柯夫工作室中學生列梅左夫的肖像素描作品（右圖）
- 深入研究人體是掌握造形基礎的不二法門（左頁圖）

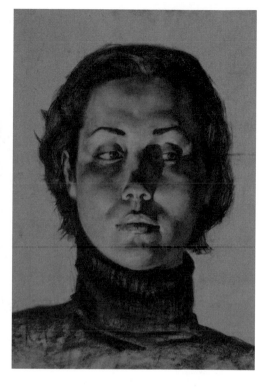

畫，畫風色調輕盈透明，有俄羅斯大自然爽朗的色調。

　　薩卡洛夫是油畫系老師中最具傳奇色彩的人物之一，現年八十三歲的他曾參與二次世界大戰，是位獨眼畫家，喜愛佈置黃綠紅三種色彩與其對比色的作業。十分強調油畫材料美感的薩卡洛夫，常掛在嘴邊的一句話是：「畫布要像皮膚一樣能呼吸。」意指用油畫必須呈現油畫材質特有的美感，而不是用顏料沒完沒了地堆疊！

　　「白畫布都比你的畫值錢！為什麼糟蹋了美麗的白畫布？」薩卡洛夫常針對學生作品的毛病破口痛批，除此之外，他的大嗓門與

65

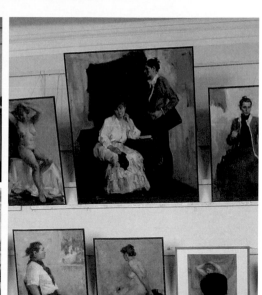

爽朗笑聲已成為工作室招牌特色之一。該工作室以高品質與紀律嚴整的素描作品著稱，除了老薩外，工作室裡還有一位號稱「決不妥協的素描老師」素描助教瓦洛嘉‧梅吉列夫，他嚴謹的素描教學與準時的習慣堪稱全校之冠，除了每日準時九點半到校，對遲到學生罰以不得進入教室的規定，並且每日像鯊魚般對學生作品巡邏與指導，奠定了薩卡洛夫工作室強壯的素描基礎。另外值得一提的是，該工作室的學生素有最團結並且友善的學習風氣，定期舉辦班內聚會與師生作品討論。

葉爾梅耶夫工作室（前任校長工作室）

審美趣味：古典味與現代感結合的追尋。

指導教授：葉爾梅耶夫，蘇聯人民功勳藝術家，前列賓美院校長，油畫作品以豪邁穩健的大筆觸見長，繪有〈列寧的演說〉、「中國寫生」系列等作品。葉爾梅耶夫工作室，教學風格遊走在古典與現代感中間，時而古裝華服藏在工作室的儲物櫃中，偶爾卻有現代摩登打扮的模特兒也在工作室出沒，以寫實的基本要求下，本工作室著重探討新的繪畫形式，與色調的搭

■ 筆者就讀美院五年級人體素描課工作情景（左上圖）

■ 畢緬諾夫工作室素描作品（左下圖）

■ 自由的大筆觸與油畫表現出的畫感是畢緬諾夫工作室的特色（右圖）

配，實驗性質偏高，近年工作室的創作風氣略顯疲弱。

畢緬諾夫工作室（畫家列賓畢業於此工作室）

　　審美趣味：沉穩的灰色調與虛實兼備的繪畫風格。

　　指導教授：畢緬諾夫，蘇聯人民藝術家，擅長風景寫生與小型人物畫。

■三角形的挑高天
　窗為科契柯夫工
　作室提供不同的
　學習氛圍

■葉爾梅耶夫工作
　室學生作品展示
　（左頁圖）

本工作室以豐富灰色調的油畫作業為特色，畢緬諾夫教授近年健康狀況欠佳，說話弱不禁風，常影響到教學效果，但是工作室好在搭配年輕才氣高的素描助教尼古拉・布羅欽（2001年全美國肖像畫冠軍得主），提振士氣，偶見該工作室中學生作品在人體結構虛實上有靈氣不凡的表現。

科契柯夫工作室（風景畫家法明畢業於此）

審美趣味：自由開放的學習氣氛與創作方向。

本工作室位於校外獨立的小木屋，因為沒有校門口的門禁時間，因此愛畫多晚就畫多晚的學生，可以畫室為家，徹夜不歸，因此養成該工作室浪漫不羈與自由開放的學習風氣。早期該工作室常作歷史戰爭畫的繪畫題材，需要真實的馬匹來做模特兒，因此工作室中有老師傅專門養馬，學生依需要可以隨時請模特兒馬來作速寫或為創作用途，可說享有絕佳的學習資源。此工作室怪才特多，畫畫常不按牌理出牌，學生除了用傳統材料也用鋼筆與墨汁、自來水筆畫素描，學生常有以現代生活為創作背景而令人驚喜的作品出現，但其美中不足之處是素描底子薄弱，常使作品流於平面單薄。

▼ 俄羅斯寫實繪畫不死，抵擋當代藝術洪流

在今日世界性的美術雙年展中，威尼斯雙年展、紐約藝術雙年展……，各種藝術形

■科契柯夫工作室位於校外的小屋

式推陳出新，唯獨中國主辦的北京藝術雙年展力排眾議，維護傳統形式的繪畫與雕塑，冠軍首獎由俄羅斯畫家拿下，這一點不僅顯示俄羅斯藝術仍站在世界藝壇之峰，維護學院式的教學訓練也有其絕對的價值與必要性。這兩年先後有九位台灣學生前仆後繼地到俄國習藝，畫家與朋友也不斷組團來到俄羅斯列賓美院暑期進修，可見俄羅斯美術對台灣的藝界早已不陌生，東歐與俄羅斯的藝術，可以預見將有一股新潮流飄到台灣。

▼ 畢業後記

　　學習成長的代價就是痛苦，當我啃著臭酸味的黑麵包，口不出穢言，甚至配一口大蒜與伏特加更過癮時，我發現自己除了膚色以外幾乎與俄佬無異。二〇〇三年畢業後我並沒有因為藝術而發達，藝術給我的煎熬，相對於我對藝術的迫切需要，過無不及，然而我得到什麼？我的人生因此而豐富，

■校長洽爾金

■校長洽爾金的公共藝術代表作品之一：火車站廣場的〈彼得大帝肖像〉

我懂得人生裡與畫布上什麼叫做「美」！我的生命找到了出口，感謝藝術與俄羅斯列賓美院。

▼ 俄羅斯列賓美院校長阿爾貝特·謝拉菲莫維奇·洽爾金專訪

活在藝術裡的人無時無刻不處在焦慮中，要卸除他的焦慮，唯有他的作品感動與照亮觀者心中的那一刻。

——列賓美院校長洽爾金

國立列賓美院校長洽爾金網站

http：//ceo.spb.ru/eng/art/charkin.a.s/index.shtml

歷任的俄羅斯列賓美院校長，不論是上一任葉爾梅耶夫或是現任的洽爾金，都是俄羅斯藝壇上德高望重、備受推崇的人物，除非有創作已獲得俄羅斯國內與國際上高度的肯定，並且在做人與談吐上有懾人的魅力，否則不能勝任此職。每任校長用才氣來整合全校各樣才氣乖張的師生，將寫實藝術的信仰不斷推向世界藝術高峰。

列賓美院二〇〇一年十月上任的校長阿爾貝特·謝拉菲莫維奇·洽爾金，生於一九三七年俄羅斯南部小鎮土拉，父親是化學工程師，童年時期在戰亂中度過，一九六六年畢業於列賓美院，一九七二年為俄羅斯美協會員，一九九七年獲封俄羅斯人民功勳藝術家，創作無數公共廣場的大型紀念碑雕塑，作品散見各大城的公共空間，例如在莫斯科火車站的作品〈彼得大帝肖像〉、聖彼得堡市區的紀念廣場〈瓦斯塔尼亞革命烈士大型紀念碑〉，與街道廣場的詩人音樂家大型肖像……。現年六十六歲的洽爾金仍為創作精力旺盛、極富熱情的雕塑家。

習藝緣起與雕塑的路

很慶幸在畢業前，有機會訪問到自己的校長，更難得的是，幾次長談接觸的過程中，感受不到校長「該有」的官僚氣。我認識的校長洽爾金，比較像一位慈祥老師，一為英俊善體人意的學者。

談起洽爾金自己最早的藝術啟蒙老師，校長說到：「瓦西里·謝面諾特先生是一位基輔藝術學院畢業、任教小學的美術老師，那時儘管我們只有十來歲，他就告訴我們『要畫那煎熬你內心的熱情，這樣的畫才有東西能傳達

給人！」洽爾金言簡意賅地説出對老師的回憶。「我一生有兩位重要的人，引導我走向藝術的道路！瓦西里・謝面諾特先生是其中一位。儘管當時我想考美術學校，但是我的老師卻説，不值得急著進入美術學院，因為藝術殿堂只接受『準備好』的人。」洽爾金説到：「今天我同樣地會對正在準備考試，想進列賓美院就讀的學生説，不急！要想清楚，因為美術學院只收『準備好』的人！」校長年輕時追尋藝術道路的軌跡，與一般的學生無異，開始用鉛筆作畫，畫很多速寫、人物肖像與風景，接著才是油畫，最後找到自己最愛的領域──雕塑。

■人面獅身像是1758年俄國政府向埃及收購的寶物之一，現位於列賓美院校門口

大型紀念碑作品

談起校長無數大型紀念碑雕塑作品，洽爾金用沉穩的語氣説道：「從年輕開始我不斷參加大型紀念碑工程競賽的角逐，我像鬥牛士般，一路廝殺過來，雕塑家畢生的夢想，做一件偉大的大型紀念碑！」校長的第一件大型紀念碑作品完成於一九七○年，為了「列寧百週年誕辰紀念」而作的雕塑，坐落於Riazand廣場，是列寧率著小男孩散步的大型銅像。第二件作品是一九七五年為了紀念「二次世界大戰俄羅斯勝利三十週年慶」，洽爾金創作了一件多人組大型紀念碑作品，各行各業的人拿著旗迎接戰勝，旗幟飄揚的大型石雕。「完成這件作品是一個艱鉅的挑戰，提供了許多專業技能上的鍛鍊，有了這次經驗，我有把握完成任何大小的雕塑作品！」洽爾金回憶起二十八年前的經歷。

新時代的列賓美院

自從二○○一年洽爾金出任列賓美院校長後，學校的外貌是煥然一新的。除了外牆粉刷，內部在人事上與硬體上都做了調整，原因之一是迎接二○○三年的三百週年城慶，而真正的目標是讓美院走向國際。「寫實主義在世界上是否禁得起時代的考驗，列賓美院扮演很重要的角色。我們的藝術信

■準畢業生的創作工作室

仰是寫實主義，雖然加強國際交流，但是信仰是不變的！」洽爾金說，從去年夏天以來，美院持續舉辦了幾次歐洲國家的交換展覽的意義，是俄羅斯必須走向開放，列賓美院亦是！

校長給畢業生的一些話

二〇〇三年五月，校長洽爾金前來參加我的畢業創作答辯會，祝賀我成為俄國美院的第一位台灣畢業生，並且送我一本他的畫冊表示致賀，畫冊封題是「活在藝術裡的人生」，是一本精裝、黑白印刷的雕塑作品集，印得樸素卻很有質感，裡面的文字由校長親自操刀，筆鋒謙虛充滿人情味。校長在畢業典禮結束後送我一句話：「娜迪亞（筆者的俄文名）！藝術家絕不能做太久的休息，回到台灣後妳要立即投入創作，我們很多的畢業生認為，畢業後首先要蓋好自己的工作室，一切安頓後再開始工作，這是不正確的！若是妳不回台灣，留在俄國就要積極地加入美協，這樣妳就不會孤獨！」校長的這些話至今藏在我心裡！

■展演大廳

雖然無緣拜訪校長私人的工作室，但從校長手中看到的幾張泛黃的黑白照片裡，發現著工作服，塞在雕塑台泥巴堆裡的洽爾金，比坐在辦公室裡的校長洽爾金，身上更多了一份豪邁爽朗的氣息，藝術家生來就是該創作的！

真正的藝術家、優秀的老師與居高位的行政者，三個艱難角色在洽爾金身上，我看到奇特完美的結合。

俄羅斯國立芭蕾舞蹈學院

俄羅斯芭蕾舞蹈的盛名，來自於當年蘇聯時期從「鐵幕」投奔「自由世界」、舞技精湛的芭蕾舞者紐瑞耶夫，與波修瓦劇院每年到國外巡迴表演的舞者，不知震懾多少世界上對舞蹈藝術飢渴的心靈！這些傑出的舞者打開西方世界對俄國芭蕾舞的認識，使自己與國家因而聲名大噪起來。

Академия Русского балета им. А. Я. Вагановой

地　　址：	Санкт - Петербург 191011, ул. ЗодчегРосси, дом2.
電　　話：	(812) 110-42-58，311-72-11；傳真：(812) 315-53-90
開放時間：	不開放外人參觀
交　　通：	地鐵 Гостиныйдвор 站，下車後經百貨公司後前走，過兩條馬路向右轉，過了劇院後即可見舞蹈學院。
網　　站：	http：//www.vaganova.ru

　　俄國芭蕾文化，雖然無可否認地是從法國傳來的外來文化，但是經過一個世紀的文化醞釀與深耕，俄國芭蕾已經完全奠基在深厚基礎的本國音樂與文學中。

　　俄羅斯皇家芭蕾舞蹈學院的歷史早在一七三八年已開始，當時是由幾位傑出舞蹈教育家例如藍德（Ж. Б. Ланде）最早開始在俄國提倡芭蕾舞蹈。法國舞蹈教師笛德羅（Шарля Дидло）的領導，除了她本身帶有浪漫主義、宛若「輕盈仙子」的精湛舞技征服了俄國學子，她更用啟發的教學方式喚起學生表達自我的慾望。俄國詩人普希金對笛德羅的舞蹈有這樣的見解：「笛德羅舞蹈時流露的詩意，比法國文學中的詩意更來得高級！」到了十九世紀後半葉，舞蹈學院的老師群開始與音樂家柴可夫斯基與格拉祖諾夫一起工作，這個合作的巨大成果，即是開創了融合法國浪漫主義色彩與劇場象徵主義的俄羅斯芭蕾舞新時代。另外，一八九二至一九〇二年曾在舞蹈學院任教的一位義大利舞蹈家安列可·切克提（Энрико Чекетти），喚醒了俄羅斯芭蕾舞界對於男舞者的重視，對後來的俄羅斯芭蕾舞蹈界有深遠的影響。直到一九一二年，一位俄羅斯芭蕾舞界的重要明星與導師瓦甘諾娃（А.Я. Ваганова），在教學上整合了法國與俄國的舞蹈系統，系統化並譯成多國語

言，她的門下有數位日後閃亮又具獨特風格的世界舞壇之星，例如烏拉諾娃（Галина Уланова）、薇契斯洛娃（Татьяна Вечеслова）；在舞蹈創作方面，她發明了多種創新又協調的舞步，主張「新的手指」，意思是芭蕾舞者的手不該瘦弱無力，而是美麗、強壯又充滿能量。她主張好的舞者必須身兼一流的戲劇演員身分。她對於舞壇有實質的貢獻，也有精神上的象徵意義。她帶領了學院走過一九一七年革命的洗禮，到了第二次世界大戰中最困難的衛國戰爭期間，芭蕾舞蹈學院一度成為少年軍校，直到戰後才再度還原成芭蕾舞學校的教學與名稱。一九五七年正式命名為俄羅斯國立芭蕾舞蹈學院（以瓦甘諾娃為命名）。

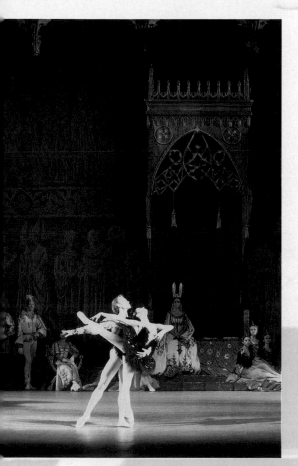

■芭蕾舞蹈學院的高材生往往未畢業即在劇院工作

一九九八年俄羅斯國立芭蕾舞蹈學院度過了二百六十歲的生日，從這個學校裡栽培出無數的芭蕾巨星，過去表演者禁止出國表演的魔咒，也早已在蘇聯解體後解除，學校與馬琳斯基劇院與全俄羅斯最大的戲劇院舞團合作，挖掘並栽培更多新的傑出舞者。

學校裡共有教師一百餘人，學生四百多人，五個組分別為教練彩排組、編舞組、芭蕾導演組、首席舞者組與一般表演組。表演組的學生從十歲起開始招生，通過入學考試可從小五轉學到此，表演組又分成芭蕾舞蹈組與民族舞蹈組，教練組則必須有十年以上芭蕾舞蹈經驗與中高等學校以上舞蹈相關學校畢業證明，所有科目的入學考試包括俄文、專業科目（表演組必須獨舞3至6分鐘，有指定題與自選題，教練組考肢體和諧度與舞蹈理論與編舞），要拿到俄羅斯國立芭蕾舞蹈學院的畢業證書，表演家文憑需攻讀八年，教練組必須攻讀四到五年的時間。中國人說台上一分鐘台下十年功，而對於一位俄羅斯芭蕾舞者應是更理所當然的事。

令人錯愕的皇帝收藏

彼得大帝的古玩室

位於涅瓦河畔，大學街上的人類民族學博物館，是全歐洲最著名且館藏豐富的人類學博物館之一，建於一七一七年，建築本身是早期巴洛克式風格，有淺藍色與白色相間的四方形建築物與中間的高塔。

Музей антропологии и этнографииим. Петра
Великого РАН (Кунсткамера)

地　　　點：Университетская наб., 3

電　　　話：328-14-12

開放時間：11：00～17：45，售票口開放至16：45

休 館 日：每週一和每月最後一個週二

門　　　票：大人30盧布、學生20盧布

交　　　通：地鐵 Василиевская 站；公車7、47、10；無軌電車1、7、10。

附　　　設：一樓與二樓販賣部有各種東方飾品以及聖彼得堡城市與博物館的教學影像光碟。

▼ 小孩驚喜大人反胃的博物館

■彼得大帝的古玩室入口

　　坐在公車上，不時會聽到俄國小學生的談話。「嘿！你看過那個三頭怪嗎？」接下來的談話就是一陣驚訝、讚嘆和愉快的笑聲，彼得大帝的古玩室，又稱人類民族學博物館，展現的就是令人印象深刻又深富趣味的沙皇珍藏！

　　位於涅瓦河畔，大學街上的人類民族學博物館，是全歐洲最著名且館藏豐富的人類學博物館之一，建於一七一七年，建築本身是早期巴洛克式風格，淺藍色與白色相間的四方形建築物與中間的高塔，使觀者有視線向上提昇的集中感，是涅瓦河畔一個顯著的地標，彼得大帝的古玩室，在外表與收藏上皆傲人地向世人展現它的丰姿。

■ 彼得大帝的古玩室外觀

　　館內包括三個部分：展覽廳（包括彼得大帝一世的收藏和人類起源歷史）、圖書館、羅曼諾索夫實驗室（俄國十七世紀偉大的天才科學家，研究化學、物理學、天文學、數學、馬賽克藝術），無論喜不喜愛藝術的民眾，到這裡都可以大開眼界，留下終身難忘的回憶。

▼ 駭人的解剖學展示廳

　　十七世紀以前，醫生沿用著祕方與經驗替病人治病，但即便是醫生，對於人類身體內部的構造都一無所知。基督教教義裡《聖經》記載：當世界末日來臨時，所有的人類都將被上帝審判，因此教會禁止一般人對死者進行任何肢解或是研究行為，好讓逝者入土為安。

　　解剖學是近代醫學的功臣，直到十七世紀，因為人類無窮盡的好奇心與醫學進展的需要，解剖學在醫學裡變成一個重要且獨立的領域！

　　彼得大帝曾說過一句話：「呆頭小鳥總是看著別人張著嘴。」意思是說，俄國不能始終像呆頭鳥般，向西方世界奪取養分，俄國需要建立屬於自

廳，館中陳列了按比例縮小的印度土著木製高角屋，上面有牛角的家族圖騰
裝飾，非常有地方特色。中國廳中陳列的蒙古包，不僅外形精緻，參觀者探
腦一望還可見到包內陳設著原味的蒙古人生活形態，例如中間的圍炕，烹煮
食物的大神鍋，還有蒙古民族的迷你刺繡地毯，真實感十足。在中國廳裡有
一個真材實料的木製棺材板，加上展廳中大型的字畫刺繡與女模特兒的真實

原味打扮，使中國廳中瀰漫著一股「倩女幽魂」的氛圍。

日本廳：在這裡可以看到日本小說家川端康成筆下「武士道」的復活，日本廳中展示了兩個典型十八世紀的諸侯封建時期的武士角色，從精緻的武士服裝中，俄國人從小就可以領教到日本民族「充滿殺氣與華麗」的審美趣味，有趣的是這裡把豆腐陳列為展品之一，這種象徵東方的食物，除了食用的意義外，也成為一種「白色的藝術品」。

北美廳：除了印地安人文化的陳設，彼得大帝古玩室中最特別的是收藏了全世界最大量的「古文明狩獵文化」的服飾，在這裡可以看到北美原住民各式各樣

■ 寮國面具（左圖）
■ 寮國童玩（右圖）
■ 寮國節慶人物裝扮（下圖）

狩獵用的帽子，皮編織、羽毛製的、木頭製的、獸皮製的，造形與色彩充滿了豐沛的生命力，難怪每年聖彼得堡工藝美院服裝設計系的學生，必須到此地臨摹服飾與配件的造形來激發靈感，讓原住民文化成了永不退流行的設計元素。

　　民族文化展覽精采，假的模特兒維妙維肖的膚質與動態，扮演很重要的角色，由藝術學院師生配合完成的模特兒，不論是何種膚色、何種臉孔，紅臉的印地安人還是黃臉的愛斯基摩人，製作都十分地「到味」！簡單的器物，都展現了民族色彩的質地與美感，參觀其中，您不覺得是走在博物館裡，像是走入了百種民族的花花世界。使觀者不覺得是在「參觀」，而是走進這個民族的生活，一親全世界的文化。

■迷你蒙古包內部
　（上圖）

■蒙古包（下圖）

■日本廳的藝妓模
　特兒（右圖）

■寮國節慶人物
　（左頁圖）

▼ 科學家羅曼諾索夫實驗室

　　羅曼諾索夫實驗室位於人類民族學博物館的三樓樓頂，成立於一九四七

年，如同義大利的達文西，科學家羅曼諾索夫是俄國傳奇性的天才人物，他是科學家、詩人、天文學家、數學家、藝術家，在這裡他度過二十五年的研究歲月（1741～1765），發現了無數珍貴的化學與物理的定律。

　　關於羅曼諾索夫的私人物品並不多，但是陳列了十八世紀俄國開始推展科學院時代的一些科學儀器，例如天文地球儀、化學實驗器具與迷你的化學工廠。

　　一個俄國小孩從小被灌輸「俄國最大」的觀念，但是身為一個台灣小孩卻總是被哈美、哈日、哈韓的風氣吹著跑，可能下一波吹的是「哈俄風」也不是沒有可能！那麼什麼時候才能輪到世界吹著「哈台風」呢？而我們台灣人對世界以及對自己的認識，什麼時候才能徹底呢？

■科學家羅曼諾索夫
工作室

國立杜斯妥也夫斯基
文學博物館

今日全俄國境內共有七間杜氏的博物館（全是他生前的住所），其中最重要的一處，就是聖彼得堡市區伏拉基米爾大教堂的「地窖博物館」。

Государсвенный Литературно－мемориальный
Музей Ф. М. Долтоевского

地　　　點：191002, Кузне чныйпер , 5/2

電　　　話：164-69-50

開放時間：11：00～18：00，售票口開放至17：30

休 館 日：每週一與每月最後一個週三

門　　　票：外國成人30盧布、小孩20盧布
　　　　　　俄國成人15盧布、小孩10盧布

交　　　通：地鐵 Владимирская 站或 Достоевская 站；有軌電車28、34；無軌電車3、8、15。

網　　　址：www.md.spb.ru

■ 文學家的桂冠

杜斯妥也夫斯基的小說其實是很不好讀的，冗長俄國人的姓氏與情節總讓讀者打退堂鼓，若能破解杜式迷宮般的文筆，才能進入他的世界。

杜斯妥也夫斯基故居開放於一九七一年，是為紀念文豪一百五十歲冥誕。位於市區的國立杜斯妥也夫斯基文學博物館，是文人在此度過四年時間（1878～1881），並且完成了生平最後一部不朽長篇文學作品《卡拉馬助夫兄弟們》的地方。

《卡拉馬助夫兄弟們》的情節環繞在一樁兇殺案上：父親費道爾共有三個兒子與一個私生子，費道爾在某個夜晚被殺了，是其中一個兒子所為，到底誰是兇手呢？環繞在這懸疑的兇殺心理劇，杜斯妥也夫斯基把生平最重要的思想精華，透過複雜的人物心理糾結，細膩地陳述出來。

■杜斯妥也夫斯基畫像（左圖）
■杜斯妥也夫斯基的家旁邊是伏拉基米爾大教堂（右圖）

俄國文學理論家巴赫汀（M.M. Bakhtin）分析杜式作品時曾提出「複調小說」（polyphonic novel）的理論，認為傑出的文學作品不應該只包含作者單一話語，而是作者與主角之間的對話。主角不能完全被作者掌控，而必須自由發展「自我意識」，質問命運，懷疑存在的價值。從《地下室手札》、《罪與罰》、《卡拉馬助夫兄弟們》到《白癡》，故事主角總在大量內心獨白與心理描寫中質疑作者，並且喋喋不休地進行爭辯。他們在各種危機時刻掙扎，在生命的十字路口抉擇，從而發掘自我價值與存在意識。他們清楚明白存在的不確定性與未完成性，試圖吶喊抗辯，決不輕言屈服。在這種矛盾與衝突中，

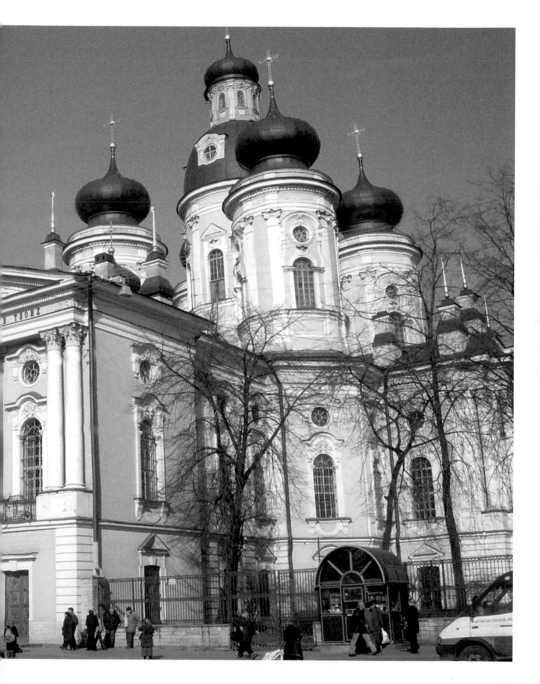

作者與故事人物的聲音交相重疊,誰也壓倒不了誰,像是多聲部的大合唱,因此稱為複調小說。不同於一般傳記流水賬式的書寫,透過大師的筆,我們至少可以看清楚,我們內心那令人難以啟齒的、無奈又難堪的慾望和痛苦矛盾。

▼ 癲癇症所苦的文豪

「希望若失去了,而生命卻單單地留下,前面尚有漫長的生命之路要走,你不能死,即使你不喜歡生!」

——杜斯妥也夫斯基

■杜斯妥也夫斯基文學博物館入口

杜斯妥也夫斯基是癲癇症患者,生命歷程崎嶇艱辛。他出生於貧困家庭,父親脾氣暴戾,他青年時期因參加左翼活動被判死刑,但在臨刑時,臨時改判西伯利亞苦役,年近四十才重獲自由,此時杜氏的健康已經大壞,他畢生為癲癇所苦,又因貪杯好

賭，經濟窘迫，然而一切卻沒有阻撓他作家的天命，在惡劣的環境下，戮力
於文學方面的創作。杜氏以堅強的意志力寫作，終於在描寫人生磨練與苦
難，以及人物內在心理狀態千迴路轉的刻畫下，奠定他文學地位的基礎。

　　杜斯妥也夫斯基的文學養分滋養了心理學、繪畫藝術還有電影藝術等
等，例如電影「扒手」就是由法國電影大師布烈松改編自杜斯妥也夫斯基的
《罪與罰》。

▼ 文豪之家

　　今日全俄國境內共有七間杜氏的博物館（全是他生前的住所），其中最
重要的一處，就是聖彼得堡市區伏拉基米爾大教堂的「地窖博物館」。

　　博物館的入口是半埋藏在地下的老公寓大門，一樓販賣著翻譯成各國語
文的杜氏小說與相關文壇資訊，二樓是杜氏的書房與他的親人照片。特別的
是牆上掛著一張大地圖，標示出杜氏小說中提到的每一個聖彼得堡角落的真
實地標，彷彿小說中的人物都那麼真實地活著。

　　三樓是杜氏曾居住的公寓，包括玄關、客廳、書房、餐廳，居住在這裡
的杜氏已經歷西伯利亞流放與久病的摧殘，經濟拮据，屋內全無炫耀的陳設
與家具，卻有一股作家固執與任性的氣氛流動在公寓裡面。

　　館內定期播放以杜氏的作品拍成的影片，並每年舉辦「杜斯妥也夫斯基
與世界文化」的學術研討會，這個盛會匯集了世界各地研究「杜學」的學者
與文人，討論並且分享他們的研究結果，緬懷並且紀念這位偉大的一代文
豪！博物館內二樓畫廊，展示現代藝術家為表達對杜氏的崇敬，為杜式所作
的各種肖像與音樂作品。

聲樂家沙利亞賓博物館

在西元一九一〇至二〇年第一次世界大戰時期，沙利亞賓的歌聲
撫慰了受傷的心靈，並以生動的歌劇振奮了無數無助的靈魂。

Музей – квартира Ф.И. Шаляпина

地　　址：197022, Санкт–Петербург, ул. Графтио, 26

電　　話：(812) 234-10-56

開放時間：12：00～18：00

休 館 日：週一、週二，每月最後一個週五

門　　票：外國成人30盧布、學生25盧布
　　　　　俄國成人5盧布、學生2盧布
　　　　　攝影許可證25盧布

交　　通：地鐵 Ст. м. "Петроградская"站；公車46；有軌電車34，下車後沿著
　　　　　大街直走右轉。

網　　址：www.museum.ru/M162 -
　　　　　официальная страница см. также другиесайты

信　　箱：m162@mail.museum.ru

▼ 迷戀一個聲音、一個時代

　　一件事的發端都該有原因，迷戀一種聲音的記憶，可以追根究底出背後
整個時代的來龍去脈。

　　沙利亞賓博物館在浩浩蕩蕩的博物館城——聖彼得堡裡，名聲上並不顯
得特別顯赫，卻是一個大世紀的優秀見證。諷刺的是，越是動亂的時代，產
生的藝術反而越醇美，例如沙利亞賓的歌聲，就是蕩漾在戰火連天的時代。

　　俄羅斯著名風俗畫家庫斯朵也夫（б.М. Кустоиев）一九二一年為聲樂
家沙利亞賓畫了一幅這樣的油畫肖像作品：一位英姿勃發的中年男子，穿著
及膝的貂皮大衣，衣服下包裹著憂鬱深沉的音樂家性格，慷慨激昂的姿態，
足登時髦的法式皮鞋，腳下踩著一片白雪下熱鬧的俄羅斯風情——馬戲團與
市場。真是好一幅別出心裁的肖像畫！完全道出了這個被沙利亞賓用歌聲所
席捲的普羅世界，洋溢著熱鬧、溫暖，而且包羅萬象。庫斯朵也夫的作品，
有一種魔力，帶領你走進一個富麗堂皇的俄羅斯民間世界，讓你忘掉（我想

■ 冬雪中的聲樂家沙利
　亞賓博物館大門，如
　同音符飄動中的樂音
　（右頁圖）

甚至作者也忘掉了）身處時
代的一切憂愁、病痛與動盪
不安。一如往常，為了一睹
這幅作品的廬山真面，我到
了畫中主角沙利亞賓的故居
博物館，從美術的領域推開
了門，走進了音樂的世界。

▼ 上世紀席捲歐洲樂 壇的聲樂巨星

近代俄國史上最偉大
的俄羅斯聲樂家費德絡・沙
利亞賓，一八七三年生，出
身農夫家庭，八歲時參加教
會合唱團，十七歲時因獨唱
者臨時生病而意外換上沙利

■著名俄羅斯風俗畫家庫斯朵也夫為沙利亞賓所作之肖像

■1919年沙利亞賓主演
歌劇「唐吉訶德」的
海報

■ 客廳一景（上圖）
■ 博物館內的舞台表演
　道具陳列室（下圖）

亞賓代替上場演出，成為他得到的第一個正式演出的機會，憑藉著對藝術的熱情與奮鬥自學的精神，沙利亞賓二十三歲考入馬琳斯基劇院，成為職業歌唱演員，第一次演出「浮士德」裡的惡魔一角，即獲得滿堂彩，隨即開始其一生隨樂團表演、四處為家的生活。他以高亢輕亮和充滿無比熱情的嗓音，征服了聖彼得堡的聽眾，藉著經紀人屋薩多夫的安排之後，即開始走紅全俄羅斯，席捲歐洲樂壇。

■沙利亞家賓餐廳一隅

在西元一九一○至二○年第一次世界大戰時期，沙利亞賓的歌聲撫慰了受傷的心靈，並以生動的歌劇振奮了無數無助的靈魂。由於他的音質渾厚有力，可演唱溫柔的抒情男高音，也適合戲劇性的歌劇表演，做為一名聲樂演員而言，沙利亞賓的成功是全面的，例如唐吉訶德、奧賽羅、費佳洛婚禮、沙德可等，這些著名歌劇的聲樂角色，在他的詮釋下都有驚人的魅力。

從今日的馬琳斯基劇院裡，原封不動地保留了沙利亞賓的當年化妝間，可以遙想大明星沙利亞賓當年受歡迎的程度。

▼ 音樂家的家

音樂家的家，畢竟與畫家的家大大不同，最大的差別是首先映入眼簾的大鋼琴，大剌剌地橫在客廳中央，空氣裡瀰漫的是「形而上」的氣味。位於彼得保羅要塞島上的沙利亞賓故居博物館，是這位聲樂家一九一一至二二年代居住的公寓。值得注意的是這段時間，俄羅斯面臨最嚴重的內戰時期，而這時的藝術活動並未停止，雖然面臨空前的危機，但是人類對於藝術的需要，此刻顯得更為迫切。

博物館分為四個廳，第一個展廳精巧地展示了沙利亞賓的戲服、舞台素描以及表演道具，值得一提的是，沙利亞賓除了音樂天賦以外，對於美術也有獨到見解，他設計了許多自己的歌劇戲服，除了裁縫，從起稿的素描草圖

■沙利亞賓第二任妻子
　的肖像

（館中有他許多素描習作）到剪裁監督，全都親自參與。

　　聲樂家的黑白照片中有他與其十位子女的生活照片，以及他著名的文藝圈朋友的照片，包括當時的伊利亞‧列賓、庫斯朵也夫、科洛文……，顯示沙利亞賓的個人魅力不只在音樂中展現，更在他廣泛涉及的社交圈裡。

　　第二個展廳是沙利亞賓的客廳，一架咖啡色古董鋼琴旁邊就是那張著名的〈沙利亞賓的肖像〉。第三個展廳是茶室兼臥室，土黃色沙發，牆上掛著第二任夫人娜塔莎的肖像，這是一位皮膚白皙、氣質賢淑端莊的俄羅斯女人，也是庫斯朵也夫極為出色的一張肖像作品。最後一個展廳是聲樂家的餐廳，牆壁上高掛作家

高爾基贈送的歐式兵器，作為表演用道具。餐廳裡的陳設，是音樂家從歐洲各地收集來的古董、小瓷器與大茶壺，使餐廳裡瀰漫著溫暖典雅的氣氛，可見一代聲樂家的生活品味與情調。

▼ 音樂家的風流史：沙利亞賓的第一任夫人

　　沙利亞賓的第一位妻子是他二十歲在義大利演唱時結識的義大利芭蕾舞名伶，不幸婚後三年即告分手，婚變後這位美麗的芭蕾舞星終身未再改嫁，一輩子留在俄國任教於芭蕾舞蹈學院，至死都未返回義大利。「雖然不能與他廝守到老，又有哪個男人比沙利亞賓更令女人心動呢？」她說。

　　沙利亞賓是二月出生的水瓶座音樂家，每年二月沙利亞賓的故居都會舉辦盛大的音樂會，並且重播沙利亞賓當年的演出紀錄片，來紀念這位上世紀的一代美聲王子。

緬希柯夫宮殿

緬希柯夫宮殿是一棟鵝黃色簡單高雅的建築物，缺少了緬希柯夫宮殿，聖彼得堡的歷史就不完整。

Дворец Меншикова

地　　址：Университетская наб., 15, м. Василеостровская

電　　話：323-11-12

休 館 日：週一

門　　票：20盧布

　　位於聖彼得堡大學旁、涅瓦河畔十五號門牌，是聖彼得堡最美的建築物之一——緬希柯夫宮殿。

　　緬希柯夫宮殿是一棟鵝黃色簡單高雅的建築物，缺少了緬希柯夫宮殿，聖彼得堡的歷史就不完整。到底誰是緬希柯夫？宮殿的主人——第一位聖彼得堡的市長，幫助彼得大帝完成建設聖彼得堡城，使之成為「一扇向西方開啟的窗戶」。

　　在彼得大帝的市區規畫藍圖中，緬希柯夫宮殿是一座「歐式大使館」風味的房子，也是聖彼得堡最早的石造宮殿之一，一七一〇年開始建造，一七一六年義大利建築師封那塔（Д. Фонтана）與俄國南部蘇資達爾鎮的建築師施得（Г. Шедель）合力完成，所以宮殿的美融合了義大利文藝復興美學，與俄羅斯師傅巧手精準的施工品質。

　　仔細看緬希柯夫宮殿的外觀，會發現慧心設計者的巧思與細緻的審美趣味，宮殿外觀是由三層玻璃窗戶與由粗到細的半浮雕柱子所組成的，三層的窗

■ 由下而上的層次、充滿對稱美感的緬希柯夫宮殿

■ 涅瓦河畔的緬希柯夫宮殿（右頁圖）

■會客室中每一塊手繪
青瓷壁磚都有不同的
內容變化（上圖）
■荷蘭式手繪青瓷壁磚
（下圖）

戶中，底下兩層是一樣的，上面一層是
縮短的，最下面一層是希臘古典美學裡
的柱頭——低矮的艾奧尼式（漩渦
狀），中間是柯林斯式（加上拉長的葉
子型），上面是簡化的柯林斯式柱頭
（簡化的螺旋紋）。這種凹凹凸凸、層層
疊疊的立面層次感，是典型西方審美的
趣味。

宮殿是一座四層樓馬蹄形建築物，
整體分為三部分：大殿、東廂房與西廂

房，宮殿雖然經歷了多次的整修與重建，但總是極力維持當年的樣貌。

進入緬希柯夫宮殿裡，只感到一股幽靜典雅的氣氛，穿過挑高拱門的迴廊，進入彼得大帝的守衛室，內部保留了當年的木製大書桌與古老的兵器，牆上的彼得大帝肖像，訴說了當年強人政治的歷史。記得一位俄羅斯畫家N.N.Ge（Н.Н.Ге）的作品〈彼得大帝審問阿列克謝〉，畫面描述彼得大帝與其子阿列克謝在房間裡，父子反目成仇的對談畫面，畫家

■宮殿中的守衛室

雖然將場景模擬在彼得夏宮裡，但此時此刻的畫面就如同這個守衛間，幾乎是一模一樣的！

大殿中最為引人的，是一個接一個鋪著大量「荷蘭壁磚」的前廳與起居間的牆壁，這些藍線、乳白色底的瓷磚，是彼得大帝遊歐時從荷蘭引進的一種民間工藝，原本這種小塊手繪瓷磚為美化壁爐外觀所使用，後來延伸到整面牆壁的裝飾，藍白相間的牆壁，與古色古香的原木鑲嵌家具，形成一種華麗別緻的室內景觀。荷蘭瓷磚非大量生產，每一塊都是獨一無二的，圖形取自於俄羅斯傳統民間故事、歌謠，或是藝術家幻想的農村故事，圖畫中的審

■琥珀製成的西洋棋與
　棋盤

美趣味很類似中國陶淵明的「採菊東籬下，悠然見南山」，對於樸素生活的一種遙想與憧憬。每一塊牆上的瓷磚，都作連環圖解讀，也可當成畫作欣賞。

　　值得一提的是宮殿內擺設的幾張桌子非常別緻，兼具一般桌子與下棋的功能，棋子與棋桌的顏色，必須與桌椅及房間內部的陳設一氣呵成，如果棋子是玫瑰紅與原木色的兩組，那麼整個房間也必須是這兩個顏色的組合，或是牆上的緞帶是玫瑰紅，或是櫥櫃的把手是玫瑰紅，像是女人身上從雨傘到腳指的配件，都輔合女主人全身的氣味。這就是上流生活品味，講究細節的地方。

　　棋子並不是俄羅斯本土出產的文化，如同喝茶，是由東方傳入，最後居然演變成具有「本土俄國文化」的要角。棋藝文化的起源，有幾個比較可靠的說法，第一是在西元前一千年的印度，由智者發明的一種類似骰子的數學遊戲，流傳到波斯地區與中東地區，然後流傳到歐洲大陸，又從波蘭流入法國，一路風行到德國、義大利，最後才到達英國。從中東流傳的這一支路，將棋文化隨著神祕主義一路飄向俄國。「下棋」在俄國代表著冷靜機智內斂的活動，筆者印象很深的是，當年俄文課課本上寫的第一個句子不是「你好嗎？」，而是「你會下棋嗎？」，從中隱約透露出俄國人尚鬥智的民族性。

激起同為血肉之軀的緬懷之情

列寧格勒衛國戰爭紀念碑

西元一九四一至四五年，對俄國人來說是「列寧格勒最艱困的九百天」，由於德國希特勒的法西斯主義，為了徹底攻陷俄國採取慘無人道的封鎖圍城策略，造成城內彈盡援絕，死者無以計數，活者生不如死的煎熬，圍城三年是聖彼得堡生死存亡的一刻。

Монумент героическим защитникам Ленинграда

地　　　址：196143, Санкт-Петербург, пл. Победы

電　　　話：(812) 293-65-63

開放時間：週一、四、六、日：10：00～18：00

　　　　　週二、五：10：00～17：00

休 館 日：週三與每月的最後一個週二

交　　　通：地鐵 Ст. м. "Московская" 站

門　　　票：免費

網　　　址：www.museum.ru/M130

信　　　箱：m130@mail.museum.ru

廣場紀念節日：5月9日勝利紀念日

　　　　　　　6月22日衛國戰爭開始紀念日

　　　　　　　9月8日最後包圍戰開始紀念日

▼ 第二次世界大戰中最慘烈的一幕

西元一九七五年五月九日揭幕的列寧格勒英雄衛國戰爭紀念碑，這個涵義深刻的紀念碑，是由蘇聯人民藝術家斯別拉斯基（С. Сперанский）、卡緬斯基（Каменский）、阿尼庫申（Аникушин）三位偉大雕塑家合作的結晶，這個紀念碑乃為紀念一九四一至四五年第二次世界大戰，其中最慘烈的戰事之一——列寧格勒偉大衛國戰役，為歷史留下最深刻動人的雕塑群像。

西元一九四一至四五年對俄國人來說是「列寧格勒最艱困的九百天」，由於德國希特勒的法西斯主義，為了徹底攻陷俄國採取慘無人道的封鎖圍城策略，造成城內彈盡援絕，死者無以計數，活者生不如死的煎熬，圍城三年是聖彼得堡生死存亡的一刻。

面對俄國人的抗德歷史，台灣人難免生疏，但提起日本偷襲珍珠港的歷史，中國與台灣人也面臨對日八年浴血抗戰，同樣遭到法西斯主義的侵略，

一九四二年蘇、美、中、英等二十
六國發表聯合國宣言，聯線對抗
德、日、義……。當我們憶起這段
歷史，再看北半球俄國的「列寧格
勒衛國戰爭紀念碑」也許就不再陌
生，甚至產生了感同身受、同身為
人的緬懷之情。

　　三位雕塑家其中之一的阿尼庫
申，當他還是藝術大學五年級學生
時，一九四一年他奮不顧身地加入
軍隊，做為一名坦克抵抗部隊的前
線軍人，這段親身加入戰火前線的
體驗，使他對於戰爭與人性經驗中
的「苦」有更深的了解，「當人真
正身陷痛苦時臉上是不帶眼淚的，
所有的力氣只能繼續奮戰」。

▼ 關於戰爭紀念碑

　　衛國戰爭紀念碑，給戰後存活
下來的人精神慰藉，為已故者留下
「魂與神」。

　　俄羅斯藝術最迷人的地方，就
是觀眾不需要有任何藝術知識背
景，卻依然可以被感動！列寧格勒
衛國戰爭紀念碑這個偉大的廣場也
具有這樣的魅力。列寧格勒衛國戰
爭紀念碑，位於聖彼得堡的莫斯科
大道上，面朝南，也就是面對當時
德軍攻城的方向。

　　佔地一千二百平方公尺的衛國
戰爭紀念碑廣場，共使用了一萬立

■ 紀念碑廣場上的雕
　塑群像（上圖）
■ 紀念碑廣場雕像群
　的中間主題：勝利
　（下圖）

方公尺的鋼筋混凝土配料，
上千勞工與數百位不計代價
加入工作的自願工人，十三
個月的勞動時間才全部完
成。這個廣場被放置在六條
放射狀的大道上，左右兩旁
的建築與紀念碑的高度，全
在設計範圍中，因此廣場有
非常寬闊清晰的視野。

　　整個廣場分為三層，地
上雕像群，音樂紀念中庭與

■ 列寧格勒衛國戰爭紀
　念碑（左頁圖）

地下室的文史陳列室，每層又劃分為三小部分，地上的雕像群，描寫戰爭前
線，中間最重要的主題：年輕健壯的士兵（代表勝利的原因），左邊主題是

水手與飛機駕駛員頌著勝利的歌曲，後面是一對年輕的婦女，手持勺子鎔鑄
勝利的鋼鐵，右邊群像的主題是士兵群勞動者與人民義勇軍隊，這些雕塑形
象，沒有狂怒狂喜的姿態，在堅定與嚴肅的表情中，每一組形象都透露了深
刻的人物心理狀態與內在張力。第二層安息日的主題，中庭有一組六個人物
雕塑，描寫戰爭大後方傷兵無數的哀慟，圓形中庭的牆上刻劃了九百天圍城
的歷史，背景音樂低沉的奏出莊嚴哀傷的交響樂曲。

最後一層的地下室陳列著昔日經歷戰爭的武器與文物，地下室大廳中
東、西兩面長達三十公尺的馬賽克壁畫，由俄羅斯國立美術學院的教授梅爾
尼柯夫、法明等人的優秀學生合力完成，東邊的馬賽克壁畫，是描寫一九四
一年戰爭開始的一幕，西邊的壁畫則敘述著一九四五年勝利煙火的歡騰氣
氛。整個列寧格勒衛國戰爭紀念碑廣場的三個部分，從激昂走到死亡悲慟，
繼而下地下室得到的平靜與歡欣氣氛，層疊的豐富外在與內在意涵，結合得
天衣無縫。

▼ 苦難沒有結束，等待和平全勝的那一日

　　奮鬥是為了得到幸福，但是俄羅斯人抗戰勝利後並沒有得到真正的幸福，俄羅斯人的信念並沒被打倒，他們仍在等待全勝的一天。

　　廣場上的雕塑，見證人民受的苦難與深厚的人道主義精神，而廣場上的鮮花，代表人民最盛開的敬意，及對先人的緬懷。希望一九七五年以後廣場上的每一天，都能像揭幕當天的盛況，全民心裡默念著「今天在廣場前我們手牽著手，白俄羅斯人、烏克蘭人、俄羅斯人，希望這個由千萬人雙手所捍衛的列寧格勒，是地球和平勝利之城。」

■西側的馬賽克壁畫呈現勝利主題（上圖）
■紀念碑廣場第三層文史陳列室內的馬賽克壁畫（下圖）

浴血復活大教堂

神殿內有一個重要的巨型神龕，由四根大柱支撐起來的寶頂，就是當時沙皇被刺殺的地點，巧妙的位置安排，使每天傍晚夕陽的餘光，正好落在寶頂的上方，提醒每一個到訪者這段慘烈的歷史悲劇。

Спас на Крови

地　　點：191186, Наб Канала Грибаедова 2-6

電　　話：315-43-61；傳真：312-28-11

門　　票：外國人250盧布、學生150盧布、俄國藝術學院學生免費

開放時間：11：30～16：00

休 館 日：每週三

　　遊蕩在聖彼得堡那段日子，不論白天、晚上，開車或走路，每次經過涅夫斯基大道，到了定點，總是不由自主地把頭向左一轉，就可望見豎立在河邊的「浴血復活大教堂」。看著她：鮮豔的童話色彩、威嚴的神性、夢幻的造形與晚上陰森的情調，你很難不愛上聖彼得堡，這真是一個可愛的地方！

▼ 華麗的復古風

　　充滿幻想張力的造形與色彩，是浴血復活大教堂受人歌頌的主要原因。歷經二十四年建造（1883年始），於一九○七年完成的浴血復活大教堂，沿用了十五世紀時，克林姆林宮的建城傳統：紅磚為主，白石為輔，加上十五世紀玻璃工業技術發展帶來三個時髦的顏色：鵝黃、石綠與深藍，因此紅、白、黃、綠、

■浴血復活大教堂頂部裝飾

■浴血復活大教堂（右頁圖）

藍，造就了大教堂五個繽紛豔麗的視覺效果。

　　教堂五個彩色的洋蔥式屋頂，是用當時最尖端的彩色寶石鑲嵌技術完成，第一個將馬賽克模仿彩繪玻璃的形式，從室內延伸到室外，是當時很前衛的突破，另外加上東正教神祕的符號與植物圖案，使「浴血復活大教堂」從任何角度看，都充滿著原始的活力與現代感。

▼ 內在比外在更華麗

　　教堂內部是挑高、陰暗的，牆壁上照舊約聖經為藍本設計的精美馬賽克壁畫，是由幾位享有盛名的俄羅斯畫家所設計，例如擅長歷史與神話題材創作的瓦斯涅左夫（B. M. Ваcнецов）、擅長裝飾色彩的畫家福魯貝爾（M. A. Врубель）與涅斯切羅夫（M. B. Нестеров），出自這幾位巨匠的合作，使教堂內的壁畫，有簡潔易懂的形象和動人的人物面部表情，這些用馬賽克完成的壁畫，沒有滑溜刺眼的光亮，反而更接近油畫細膩又深沉的調子。

▼ 拜占庭文化在俄羅斯

　　讀俄羅斯藝術史，看浴血復活大教堂常會看到「拜占庭式」藝術這四個字，到底拜占庭藝術從何而來？是什麼形式？

■拜占庭式的挑高拱門
　與鑲嵌壁畫

■大教堂外觀一景

十五世紀的羅馬，在東羅馬拜占庭王國的統治下，為了鞏固宗教、政治勢力，與莫斯科王室聯姻，而拜占庭與俄羅斯聯姻的結果，給俄羅斯文化五項珍貴的資產，第一是神祕教文化，第二是法律，第三是世界觀，第四是繁複的平面藝術，第五是文字，包括今日俄國國徽雙頭鷹，也是承自拜占庭這五項精神與藝術資產，全寫在浴血復活大教堂的建築體上。

▼ 沙皇遇刺的悲劇

「浴血」兩字來自於一個真實歷史悲劇！一八八一年五月一日俄國農奴革命時期，恐怖分子暗殺沙皇亞歷山大二世，由於其在位二十六年期間為俄羅斯帶來許多貢獻，因此刺殺事件引起全國上下的不滿，為了懷念這位史上開明的仁君，在事發地點興建了這座別具意義的教堂。

▼ 遇刺的神龕

神殿內有一個重要的巨型神龕，由四根大柱支撐起來的寶頂，就是當時沙皇被刺殺的地點，巧妙的位置安排，使每天傍晚夕陽的餘光，正好落在寶頂的上方，提醒每一個到訪者這段慘烈的歷史悲劇。

漫步在莫依卡河邊，包圍在美景中，思緒漫無邊際的飄著，突然腦筋迸出一段白光的老歌：「如果沒有你，日子怎麼過？」哼著唱著，算是獻給我的第二故鄉──聖彼得堡一個多情的禮物。

113

契斯馬教堂

教堂立面上的第一層次是粉紅與白相間的直條紋凹凸，頂部的三層不高的銀白色鐘樓，使人有視覺向上集中感，在圓形窗戶與尖塔的中、下方，是一座風格內斂雅緻的哥德式教堂。

Чесменская церковь

地　　　點：Ленсоветоул. Д.10

開放時間：10：00～17：00

交　　　通：地鐵Московски站下車，徒步繞往列寧雕像廣場後面，向左轉直走十分鐘即到。

▼ 一首精緻的小詩

很少教堂是粉紅色的，粉紅色通常帶有點情色的意味，柔軟兼浪漫的特質，粉紅色與教堂無法讓人聯想在一起，粉紅色卻帶給這座教堂安寧、舒適、純淨的外在，這就是契斯馬教堂「美得令人意外」的原因。

■粉紅色的契斯馬教堂在白雪中顯得寧靜純淨

■教堂內部明亮的視覺
效果，給人「充滿活
力」的感覺

　　位於市區南方莫斯科大道上，列寧雕像廣場後方的契斯馬教堂，是全市
區內最迷你的小型教堂之一，這棟粉紅色、白色相間的教堂，給人前所未有
寧靜和諧的視覺效果，華麗但不炫耀，造形簡單卻不單調！

　　教堂立面上的第一層次是粉紅與白相間的直條紋凹凸，頂部的三層不高
的銀白色鐘樓，使人有視覺向上集中感，在圓形窗戶與尖塔的中、下方，是
一座風格內斂雅緻的哥德式教堂。

▼ 契斯馬的由來

　　契斯馬教堂建於一七七〇年，葉卡契琳娜二世在位時，聽聞當時的土俄
戰爭在土耳其契斯馬城堡地區傳來勝利捷報，為之大喜，因此命建築師費爾
頓在此地建造一座英國式中世紀城堡風味的教堂，做為戰勝紀念。教堂在一
七八〇年完工，至今曾經修復多次，但大致維持當初原貌。

　　在一九九一年蘇聯解體後，契斯馬教堂從蘇維埃的行政辦公室改回原來
的教堂功能，因為教堂外觀別具特色，因此深受附近居民的愛護，走出教堂
還不時聽到阿婆做完禮拜走出教堂，還讚嘆一聲「感謝主！這地方真美」。

　　配合教堂外觀，教堂內部空間也是淺白色與粉紅色系，所有的聖像畫與
門龕皆繪製在白色的木牆上，明亮的視覺教果沒有厚重的聖像畫和蠟燭煙薰
屋頂的黑漆，教堂已有二百年歷史，卻依然給人「充滿活力」的感覺，這歸
功於粉紅色的魅力與建築師費爾頓的創造天分。

　　契斯馬教堂屬於社區小教堂，修士、神父與社區民眾有良好互動的關
係，若有願望想請神父代禱，可將心願寫在小紙片上請修女轉交給神父。

一座完美的巨山
以薩教堂

以薩教堂的建造美學為俄羅斯日後的藝術發展，插下一面時代的旗幟：吸取十六、七世紀的歐洲文藝與科技的精華，然後由這個起點，俄羅斯開始有了自己的面貌。

Исаакиевский собор

地　　址：19000, Исакиевская пл. Исаакиевский Собор

電　　話：(812) 315-97-32；傳真：312-28-11

開放時間：11：00～18：00

休 館 日：週三

門　　票：本國人25盧布、學生15盧布、100cm以下免費

　　　　　外國人240盧布、小孩90盧布

　　　　　憑學生證免費

網　　址：http://www.cathedral.ru/isaac

　　每個偉大的城市都有自己的地標，說明這個地方無可取代的價值。聖彼得堡在帝俄時期所奠定下來的恢弘規模，是很少歐洲城市能比美的，這個城市奠定在三座不朽的建築地標上：彼得保羅要塞、海軍總部與以薩教堂，它們分別象徵了三大建國要素：歷史的正統性、國防與宗教，而其中一八一八年建築師蒙菲朗（O. P. де Монферран）設計的以薩教堂以聖徒以薩‧達馬斯基為名，三十萬公噸的石材，可同時容納一萬四千人，形象宛如一座完美的聖山。

　　據說教堂最早是木造的建築，後來才改成金剛不壞之身的石材，仔細看她的外貌，很容易發現教堂的底座是方形，而上面是圓頂，恰巧符合中國人「天圓地方」的哲學思想！

　　對我來說，旅遊的真諦就像下課鐘聲一打，老師宣布下課後，學生「Ya！」得高呼一聲後，便一窩蜂衝出教室，盡情地奔跑玩耍！但是作者能放讀者自由活動嗎？像已經領您到了現場，宣布您已經獲得張大雙眼看個仔細的權力……。想著想著，興奮之餘卻顯得自己太不盡責，才回神過來該「雞婆」地交代大家該看該賞的地方，還真不能少……。

▼ 自然的交響曲──四十三種天然石材

　　以薩教堂最具特色的是，她是由四十三種不同花紋、顏色的天然石材所建造成的，遠看時只覺得像龐然大物，頭頂著美妙的金環，近看時卻可以發現巨大的石材有那麼多種美妙的顏色，灰中帶著暗紫與橙色的色調，混合起來像是一種「大地的顏色」。

▼ 使徒環繞圓頂——一場設計精采的建築遊戲

以薩教堂最迷人之處不在於大小，而在於整體美和畫龍點睛之處，一般
人會注意到以薩教堂的黃金圓頂，卻很少注意黃金頂四周的妙處：這些遠看
小小的二十四個綠色青銅雕像，是以福音書裡使徒的形象做造形，他們生動
整齊地圍成一圈，在數十個從下到上、大小參差、力面環繞的層次中，不得
不讚嘆這個建築，真是一場設計精采的遊戲。

■以薩教堂的外觀正
符合中國人認為
「天圓地方」的哲
學思想

■描繪耶穌的大型彩
繪玻璃（右頁圖）

▼ 壁畫、彩繪玻璃窗、馬賽克作品──有傳承才有歷史可言

■ 教堂外的以薩廣場
（右頁圖）

　　教堂內部挑高一○一點八八公尺，佈滿了馬賽克製成的聖像畫，而綠色的孔雀石柱與金色的聖像畫背景正好呼應教堂外部的青銅與黃金的色系連成一氣。值得一提的是教堂內部一百○三面牆壁與五十二幅畫布上的作品，是油畫顏料與蛋彩的作品，是當時俄羅斯各大藝術學院的教授與學生聯合完成，馬賽克壁畫則是集合歐洲與俄羅斯最頂尖的師傅，這群技術一流的藝術家（兼工程師）採用「最完美的義大利文藝復興時期的風格」來製作聖像畫：莊重、嚴肅、左右對稱的構圖。而馬賽克壁畫的色彩，是用當時稱為「學院三色系」：深紅、鈷藍、金黃三色所完成的，認為紅色可以代表聖者的鮮血，白黃色代表神性，而藍色則是廣闊的天際。以薩教堂的建造美學為俄羅斯日後的藝術發展，插下一面時代的旗幟：吸取十六、七世紀的歐洲文藝與科技的精華，然後由這個起點，俄羅斯開始有了自己的面貌。

▼ 登高望遠

　　市區內每棟建築都有至高點的限制，使聖彼得堡的面貌，至今保持彼得

■ 透出天光的內部拱
頂（上左圖）

■ 教堂內天頂壁畫
（上右圖）

■ 教堂內天頂壁畫
（下左圖）

■ 登頂樓梯（下右圖）

大帝當年的初衷，市區內以薩教堂是第二高的建築（比彼得保羅要塞低二十公尺，算是對它的一種尊敬）！登上以薩教堂的頂端，幾乎可以俯瞰聖彼得堡每一個角落，至高臨下的那一刻，你可以看到文化首都的全景。

■ 從以薩教堂眺望涅瓦河（上圖）

■ 從以薩教堂俯瞰廣場（下圖）

雄霸市中心的東正教堡壘
喀山大教堂

喀山大教堂外觀是很霸氣的，讓人聯想到羅馬的聖彼得大教堂，而事實上，這項巨大工程是年輕建築師福朗西納（A. H. Вора хин）的靈感，果真也是來自於羅馬。

Казанский собор

地　　址：СПетербург д.27

開放時間：8：00～20：00

門　　票：免費

交　　通：地鐵Невский проспект站下車，或搭市區內往涅夫斯基大道上任何一種交通工具皆可。

　　「又是教堂？」不明究理的遊客總是這樣抱怨著。直接了當地說，宗教是一把開啟異國文化的鑰匙，如果您不能欣賞教堂的美，就是很大的遺憾！

　　喀山大教堂外觀是很霸氣的，讓人聯想到羅馬的聖彼得大教堂，而事實上，這項巨大工程是年輕建築師福朗西納（A. H. Вора хин）的靈感，果真也是來自於羅馬。

▼ 喀山大教堂與喀山何干？

　　喀山大教堂建造於西元一八〇一至一一年，最初目的是為安置從莫斯科遠道而來的聖像畫「喀山聖母像」，並且紀念俄羅斯歷史上開疆拓土的時期。

　　喀山是俄羅斯南部的一個城市，現為韃靼共和國的首都，從聖彼得堡前往喀山要坐上二十七小時的火車，或是三個鐘頭的飛機，而位於聖彼得堡的喀山大教堂，又與韃靼共和國的喀山有何干係？

　　話說五百年前的俄羅斯領土與「喀山聖母像」的命運緊緊相連。西元一五五二年恐怖依凡統治時，為了擴張莫斯科公國版圖，不惜遠征南部原為韃靼人領土的喀山，正當俄羅斯軍隊士氣渙散、四面受困的時機，城堡裡的〈聖母聖像畫〉突然顯了奇蹟，並預言俄羅斯軍隊的大勝，因為這幅有顯靈能力的聖像畫，為戰事帶來一百八十度的扭轉，從此這張〈聖母聖像畫〉被視為「天佑俄羅斯」的具體象徵，並且在戰後從喀山移到莫斯科，供奉在首

都莫斯科，做為鎮國之寶。西元一七一
○年當彼得大帝準備將首都從莫斯科遷
往聖彼得堡時，這幅顯過神跡的〈聖母
聖像畫〉也一起遷往聖彼得堡。

今日的喀山大教堂，每日舉行早晚
彌撒，五百年前的〈聖母聖像畫〉依然
被供奉在主殿大廳前方。除此之外，這
裡也收藏了第二次世界大戰衛國戰爭所
遺留下的文物，喀山大教堂象徵了俄羅
斯宗教與政治不可分割的關係。

▼ 東正教如何成為俄國國教？

俄羅斯文化在十世紀以前，瀰漫著
多神教與祖先崇拜信仰的氣息，許多自
然界的山川、太陽、月亮，都是民間信
仰的偶像。說到東正教則是直到十世紀
末以後的事，它由東羅馬帝國傳入。為
何能在當時的各種宗教信仰中拔得頭籌
成為國教（哈札爾信仰猶太教，波蘭人
信天主教窩瓦河沿岸的居民信奉回
教）？有一個有趣的傳說，十世紀的弗
拉基米爾大公認為：猶太教是一個亡國
民族的宗教，這不行！回教禁止人酗
酒，俄國人豈有不喝酒的道理？！天主
教又主張教權高於王權，那麼即使當上
國王又有什麼意思？！

基於幾個不符合俄國國情的原因，
只有希臘正教，因為神祕氣質、儀式華
美等因素容易被俄國人接受，弗拉基米
爾大公乃決定定東正教為國教，並且命
令所有基輔區人民跳下聶伯河集體受

■喀山大教堂外的廣場是民眾的休憩之處

■喀山大教堂的外觀顯
出霸氣

洗，因此弗拉基米爾大公又有「俄羅斯的施洗者」的稱號。

▼ 美麗是原罪？

　　走進教堂裡，很少會看到俄羅斯美女露出自己很美的一面，因為東正教崇尚禁慾主義，真正虔誠的教徒，除了定時齋戒之外，還戒絕物質享受與肉體享受。在東正教教堂裡，男人要脫帽，女人要包裹頭巾才能進入殿內，以今日社會角度來看似乎有歧視女性的嫌疑！不論如何進入教堂，所有入境隨俗的遊客還是衣著端莊為宜！

▼ 罰站證明已經悔改？！

　　為了戒除享受，東正教的教堂裡是沒有椅子的，為了顯示對上帝的虔敬，所有的儀式中群眾必須站著從儀式開始到結束，最少三小時的彌撒時間，足以讓堅貞的信徒東倒西歪，也許他們認為「罰站」真的可以證明信徒悔改並且接受上帝的救贖？！

126

尼古拉海軍大教堂

看著教堂裡每一個站著、跪著祈禱的人，看到他們內心受苦的靈魂，世界各地上演無盡的悲劇，而誰能安慰這些飽受折磨的人？

Никольский Морской Собор

地　　點：Никольская. пл , 1

開放時間：9：00〜18：00

▼ 用美治療夢魘

　　真正的「美」有一種魔力，不消言語解釋，便將你從裡到外降服。聖彼得堡的每一座教堂，都是一個淨化人心的圖騰，不管你的信仰是什麼，沒有隔閡地，看到這樣美的建築，在你心裡就升起平安與滿足！

　　天藍色與白色相間的尼古拉海軍大教堂，西元一七五三至六二年由建築師切瓦金斯基（И. Чевакинский）以西元四世紀來自地中海的航海守護者尼古拉·楚普佛勒為名，用來紀念彼得大帝以海軍建立海上王國的雄心，並在教堂裡安置國家海軍烈士的無名塚。例如西元一九〇四年日俄戰爭、一九八九年潛水意外喪生的海軍健兒，均在這裡埋下他們的名字，藉著每一個祈禱與彌撒撫平烈士遺族的傷痕。

　　俄羅斯的一般百姓，可以說從來沒有富裕過，沒過一天好日子，歷史上無數次的傷口告訴俄羅斯人民，當英雄登台高呼崇高完美的信仰時，等於要求百姓的流血犧牲與無條件擁護。幾次政治遊戲玩下來，上面的大頭來來去去，底下的人民受傷絕望，期待落空養成俄羅斯人悲觀與堅毅的個性，使新一代的俄國人變得更狡猾善保護自己，駑鈍的人則更加鐵著頭皮過日子，這一切負面的情緒必須在藝術與宗教裡獲得解脫，這也是為何蘇聯時期共黨政府仍以「世界經典建築紀念碑」的名義，保留了尼古拉海軍大教堂。我想俄羅斯藝術之美粗獷又深刻的原因，源自於人民真正的需要，像是麵包與開水一樣，沒了麵包人要怎麼活呢？

　　晚上聽完馬琳斯基劇院的節目散場時，回頭一望，正好可以看到在樹影幢幢的森林後，閃爍五個金頂的尼古拉海軍大教堂，好一幅華麗陰森的景象。教堂分為上教堂與下教堂，下教堂是低矮地窖式的祭壇大廳，樓上的上

教堂主殿有七個大型圓頂祭壇，四周鑲滿了木板聖像畫，其中以密那兄弟繪製的〈守護者尼古拉聖像〉最具代表。

　　教堂內部過分華麗的金色牆壁與深藍色暗沉的色調，使大廳四周散發巨大的壓力，迫始訪者如同臣服於海底壓力般，放棄一切雜念，靜下心來聆聽天上與心底的聲音。

▼ 用愛為傷口止血

　　看著教堂裡每一個站著、跪著祈禱的人，我看到他們內心受苦的靈魂，世界各地上演無止盡的悲劇，而誰能安慰這些飽受折磨的人？只有無止盡的愛與勇氣似乎是唯一的止血藥。消極地讓時間來治療疼痛，結果導致腦細胞慢性的壞死，唯有讓傷口被勇氣與愛撫平的那一刻，才是我們能開懷安眠的時候。

■尼古拉海軍大教堂夜景
（右頁圖）

米海洛夫現代畫廊

米海洛夫對現代藝術曾有如下的解釋：「無論古今，人們總是對
美迷戀，藝術家的工作不是挑起戰爭，而是用美來平息是非。」

Галерея Михайлова

地　　址：191104, Литейный пр, д53
電　　話：（812）272-48-48；傳真：（812）272-63-66
開放時間：11：00～20：00
交　　通：地鐵Маяковская 站下車，在涅夫斯基與橫向街交會路口往左轉，步行
　　　　　約五分鐘可抵達。
網　　站：www.inwin.ru/Text1/mes3.htm

　　聖彼得堡市區標榜「自由前衛藝術」老字號畫廊，非米海洛夫現代畫廊
莫屬。創辦人伊果・米海洛夫（Игорь Майоров，1946～1997）早期在俄
國藝壇並不被接受，挫折使他改道流浪海外，而在浪跡國外的時候，米海洛
夫以獨特風格的油畫作品累積了小群的支持者，在歐洲名噪一時。至於米海
洛夫的油畫作品是抽象還是半抽象？今天看來都已經不重要，重要的是他面
對畫布的精神信仰，使前衛藝術在俄國繼續前進。米海洛夫對現代藝術曾有
如下的解釋：「無論古今，人們總是對美迷戀，藝術家的工作不是挑起戰
爭，而是用美來平息是非。」

　　一九七九年十一月成立於市中心的「米海洛夫現代畫廊」自由前衛藝術
基金會，至今已有二十四年歷史，當年的創辦人米海洛夫將遊歷世界時所收
集的藝術品，捐給自己的基金會，並且每年將基金會運作的餘額經費，提撥
幫助年輕的藝術家，這樣的運作使畫廊的參展藝術家，雖然作品風格與材料
各異，卻常有非學院式、自由奔放的作品。

　　有趣的是，米海洛夫現代畫廊收藏最有名的作品之一，亞歷山大・以薩
切夫的油畫〈阿拉斯多・彼得肖像〉，那寫實的技法與貌似基督耶穌深沉悲
哀的創作動機，放在西方看來似乎稱不上是「前衛」，甚至可以歸入一般認
定的古典技法族群。可能俄國人講究的前衛，是一種「心靈前進上的前
衛」，而不是形式上「驚世駭俗的前衛」，這兩種前衛可是有很大的差別呢！

▼ 經濟市場決定一切，藝術生意仍要學習

國外收藏家常光臨米海洛夫現代畫廊，他們想找一種「俄國式的前衛」，但是不諳門道的人往往敗興而歸。在俄國，除非你非常確定要找什麼，否則找的過程往往會搞得灰頭土臉，而且超乎想像的費力。早期米海洛夫現代畫廊營利性質較低，作品價格平實，而今日俄國走入經濟市場，隨著物價飆漲，想要以「一元買黃金」的買家，簡直是夢想！

雖然做生意這件事，俄國人仍須學習，但是學得快又精的惡（俄）人，總是不會讓自己吃虧的。

▼ 前進俄國——誰該快馬？誰該勒馬？

國家的經濟實力總是主導一切民生的怪手，賣軍艦、賣麵包誰都不能倖免，藝術市場在俄國除了首都莫斯科較具實力與法規，其餘城市都在摸索階段。筆者在此提供建議：投資者需謹慎觀察，但是人文領域的學習者可得快馬加鞭地前進俄羅斯，誰敢保證這種深厚的人文精神還可以保留到哪一年？

■ 畫廊外張貼了許多
　藝文海報

一朵盛開兩百年的花

聖彼得堡藝術家協會

這個用藝術青年如火如荼的熱情所灌溉的組織，百年後並沒有解散，直到一九一七年十月革命後，新政府將建築與團體全部收歸國有，一九三二年正式改名為蘇維埃聖彼得堡藝術家協會。

Выставочный центр Союза Художников СПБ

地　　　址：ул. Б.Морская, 38
電　　　話：314-47-34
開放時間：13：00～19：00
休　館　日：每週一
網　　　站：sxspb.narod.ru/index.html

▼ 藝術家協會的起源

　　西元一七四五年靠近以薩廣場的大街上，一棟三層樓歐式風味石造建築最早的名稱是「德國幽默劇場」，幾經波折後劇場倒閉，改建成高級飯店。

■ 協會豐富的收藏作品

■聖彼得堡藝術家協會
　寬敞的內部

十九世紀初，此地由幾位年輕的藝術家，也是國立美術學院的畢業生與尚未
畢業的高材生克拉姆斯克伊等人，為了強化自己的藝術訓練與集結創作熱
情，共組了一個美術團體，他們一行人的宣言：用最熱切的心，用畫筆研究
最貼近人民的生活，決定用自己的方式過活——以當時最「前衛的嬉皮方式」
（以今日的角度來看）在一起生活，吃、喝、拉、撒，一起創作，然後所有

133

成員將賣畫剩餘的杯水車薪，用來籌措下一次的展覽費用。這個青年組織就是日後興盛的聖彼得堡藝術家協會前身。成員最初為十餘人，頂峰時期曾到達一百多人的盛況，為了方便管理成員，因而成立聖彼得堡第一個非官方藝術組織——「克拉姆斯克伊繪畫公社」。

這個用藝術青年如火如荼的熱情所灌溉的組織，百年後並沒有解散，直到一九一七年十月革命後，新政府將建築與團體全部收歸國有，一九三二年正式改名為「蘇維埃聖彼得堡藝術家協會」。蘇維埃聖彼得堡藝術協會今日是全城最重要、最龐大的藝術團體之一，隸屬「俄羅斯美協」。

▼ 一朵開了兩百年的花——寫實主義藝術道路

聖彼得堡藝術家協會，憑藉著當年克拉姆斯克伊一行畫家的努力與執著，讓「為民服務的寫實主義」在藝壇開花，而這朵藝術的花，一開就是兩百年。今日二十一世紀的藝術家協會，面對各種流派的藝術，採兼容並蓄的策略，兩百年前被視為「左翼」的創會宣言，留給今人的是一種信仰與價值觀，而不是方法上的桎梏。信仰貴在實踐，實踐帶來力量，綑綁與軟弱自然消失，我想這就是為什麼聖彼得堡的藝術家們，能在寒冷的風雪與低報酬的藝術勞動環境下，仍然活得暢快的原因。在我眼裡這是個奇蹟，也是真實無比的世界。

▼ 嬉皮式的革命——找生命的真諦

用「遊走式現代人的腦與眼」，看聖彼得堡藝術協會的創始——兩百年前嬉皮式的革命方式，最優秀的俄羅斯美術學院學生克拉姆斯克伊（相當於美國六〇年代搞嬉皮文化的都是哈佛畢業生一樣，可見美國除了太空梭升空晚俄國一步，連嬉皮文化也晚俄國人一百五十年），領著一群人以革命為名，行嬉皮之實，革學院派的命，卻用學院派的素描基礎為工具，創造更貼近生命的作品……。那個心中有信仰、行動不被綑綁的年代，對我來說是非常令人神往的世界。

不是每一個人都像俄國畫家克拉姆斯克伊有辦法革「時局」的命，能對抗「眾業」改變時局，面對生命中的綑綁、壓抑與痛苦，你選擇什麼樣的方式對待？生命裡是否有一個不變價值，值得真正珍愛，嚮往追求？

充滿自由氣息的大型藝術展廳

「蒙涅芝」展覽中心

這種前衛，不必勞師動眾、驚世駭俗的舉動，卻產生一批批形式
保守卻深入人心的佳作，你可以說今天俄國的藝術界是固執的，
這種固執叫做「擇善固執」。

Центральный выставочный зал "Манеж"

地　　址：19000, Исакиевская пл 1

電　　話：314-59-59；傳真：314-82-54

開放時間：11：00～19：00

休 館 日：每週四

門　　票：成人30盧布、俄國退休公務員15盧布、學生9盧布
　　　　　藝術學院學生、博物館工作人員與藝術家團體免費

交　　通：有軌電車5、22；小巴士147、162、289，涅夫斯基街口下車，往以薩
　　　　　大教堂方向徒步10分鐘抵達。

網　　址：www.manege.spb.ru/ru/archive.html

▼ 兩百年前的練馬場

　　「蒙涅芝」（Манеж）俄文是「練馬場」的意思。你很難想像這樣華麗的

■蒙涅芝展覽中心外觀

135

室內建築——今天的大型畫廊，是百年前的禁衛軍冬季練馬場，一點都沒錯！過去「蒙涅芝」室內廣大的場地，是用來訓練沙皇貼身禁衛軍的馬匹，讓牠們面對嚴冬的襲擊，仍能保持最佳狀態，這就是為什麼「蒙涅芝」的大門口會豎立著十九世紀來自義大利的大型人馬雕塑，以紀念這段歷史。

▼ 古典的外殼・開放的心

十九世紀由俄國建築師克瓦連吉（Джакомо Кваренги）設計的「蒙涅芝」，經歷百年來多次戰火及火災的傷害，在一九九七年十一月重新整修下再度重新開幕，在希臘古典美學的建築形式下，成為聖彼得堡展示當代藝術家作品的重鎮。一九九七年十一月開幕的第一個展覽名為「屬於人民的藝術」，點出這個展覽中心的主旨是：保留城裡市民的共同記憶。

▼ 俄國前衛藝術以自己的步伐前進

以西方人的眼光來看，除了二十世紀初期的馬列維奇與康丁斯基等逃往西方世界的俄國藝術家，可稱為前衛藝術戰友之外，俄國可以說是沒有前衛藝術的。但是俄國人可不這麼認為，他們固執地以自己探討藝術的方式前進，這種方式建立在深厚的學院基礎上，加上藝術家的個性與生長背景，已經叫做「前衛」。

這種前衛，不必勞師動眾、驚世駭俗的舉動，卻產生一批批形式保守卻深入人心的佳作，你可以說今天俄國的藝術界是固執的，這種固執叫做「擇善固執」。

從以下列舉的「蒙涅芝」館藏可以窺探出，表面上俄國戰後的藝術走保守路線，但藝術家對於表達對居住城市的情感，卻不失新意並且真情流露。「蒙涅芝」的館藏保留了聖彼得堡的建成藍圖與各種類型的繪畫、雕塑，以及所謂的前衛藝術作品。在「蒙涅芝」欣賞藝術品，沒有冬宮那麼拘束，這裡的藝術可以是很貼近生活的。

貴族劇院與音樂廳

市區內共有百餘座大小劇院，保留了俄羅斯文化裡最經典的部分，包括世代傳唱的劇曲與文學改編歌舞劇，你可以説，在聖彼得堡，經典之作永遠不下檔。

在聖彼得堡看藝術表演是很生活的一件事，既不附庸風雅狀，也不顯得特別高貴，因為文學、幽默、淚水、歡笑，與唱歌跳舞本來就是生活的一部分！聖彼得堡劇場國際水準的演出，是俄羅斯戲劇保持聲望不墜的主要原因，票價平實則是戲劇走入市民生活的第二個很實際的理由。市區內共有百餘座大小劇院，保留了俄羅斯文化裡最經典的部分，包括世代傳唱的劇曲與文學改編歌舞劇，你可以説，在聖彼得堡，經典之作永遠不下檔。

▼ 俄羅斯經典劇場代表——馬琳斯基劇院

Мариинский театр

地　　址：Театральная площадь, д. 1

門　　票：25～500盧布
每季的節目可從劇院專屬售票窗口購得（開放時間11：00～19：00），或是市區地鐵站出入口的購票窗與零售窗口取得。

交　　通：地鐵 Садовая 站下，轉小巴士 T-1；或 Василеостровская 站下，轉電車1號或11號；或 Невский проспект 站下，轉公車3、22號

「胡桃鉗」、「沙樂美」與「天鵝湖」等著名的芭蕾舞劇，幾乎是馬琳斯基劇院每季必演的節目，如果您有機會看一場「戰爭與和平」完整歌劇版，從晚上七點演到午夜十二點，五個小時的表演中，飛舞如精靈般的芭蕾舞者與奮力高亢的聲樂演員仍然保持最佳狀態未顯疲態，為的只是表現托爾斯泰原著精神，你會突然了解俄羅斯表演者為藝術狂奔的熱情！

綠白相間宮殿造形的國家馬琳斯基劇院，是全俄國名聲最響亮且最古老的劇院之一，一八六〇年後，原本稱為大劇院的建築，正式由國家管理並改名為馬琳斯基劇院，名稱來自於亞歷山大二世的妻子瑪麗亞（Мария）。馬琳斯基劇院聞名於世的時間，正好與十九世紀俄羅斯芭蕾舞與歌劇兩種藝術崛起的腳步吻合。馬琳斯基劇院是歷任俄羅斯總統以藝術款待外國元首的最佳地點，劇院內位於二樓中間的沙皇包廂座位，只保留給本國與外國元首專

■陽光下的馬琳斯
　基劇院
■馬琳斯基劇院裡
　豪華的沙皇包廂
　（左頁圖）

用，特定節目開放公開售票，若一般人想坐上皇帝寶座欣賞表演可用十倍票價，來達成這個願望。

▼ 交響樂與獨奏會的盛宴——蕭士塔高維奇音樂廳

地　　址：Михайловская　ул., д. 2
電　　話：（812）311-21-26、（812）110-42-57
售票時間：11：00～19：30，午休15：00～16：00
票　　價：30～500盧布
交　　通：Гостиный　двор，Невский　проспект
網　　址：www.philharmonia.spb.ru
信　　箱：mail@philharmonia.spb.ru

　　要聽哪種音樂就該上哪種音樂廳，就像吃浙江菜不應該跑到四川館一樣！在聖彼得堡享受交響樂與獨奏會的盛宴，就該到蕭士塔高維奇音樂廳。在挑高的白色大理石音樂廳裡，欣賞每年國際白夜音樂節的表演是格外地享受。建議您到蕭士塔高維奇音樂廳欣賞一齣由俄國音樂家演奏俄國作曲家作品的演出，他們將在音樂裡呈現出獨一無二的俄羅斯文化以及迷人的深度與力道。

■蕭士塔高維奇音樂廳內部

■音樂廳排演的情形（下左圖）

■音樂廳的總監指揮（下右圖）

▼ 歡樂原子彈的威力──兒童木偶劇場

КУКОЛ ТЕАТР МАРИОНЕТОК

地　　址：невский про д.52
售票時間：10：00～14：15，15：15～18：00
票　　價：20～30盧布
交　　通：地鐵 гостиный двор 站

■兒童木偶劇場演出中的「大野郎與小紅帽」

■兒童木偶劇場的演出情形

　　到聖彼得堡，你會驚
訝地發現兒童劇場的傳統
在俄羅斯是發芽生根的，
音樂劇場、幽默劇場、木
偶戲劇場、小芭蕾劇場…
…，所有的定點兒童劇場
加起來約不下三十個！兒
童劇場演員不是以打游擊
的方式在城市裡生存，而
是在特定的劇場，有固定

群眾，像消費日常用品一樣天天被支持。走一趟兒童木偶劇場，體會劇場十兒童的歡笑聲十想像力三個元素產生的能量，我想您會同意我說的，兒童劇場有治癒所有冷漠城市心理疾病的神效。

▼ 包容每個不和諧的音符——斯摩尼音樂廳

地	址：	Санкт－Петербург, пл. Растрелли, 3/1
電	話：	接待部311-36-90；展覽部278-55-96；售票電話271-91-82
信	箱：	smsobor@ctinet.ru

到斯摩尼音樂廳聽音樂，要先欣賞這座了不起的建築物。旁邊是十九世紀女子貴族學院的斯摩尼音樂廳，建造於十八世紀，是一棟淡藍色和白色相間、以希臘十字形狀為藍本規畫的美麗建築，一九一七年八月此地成為布爾什維克黨總部，列寧在此領導政變，這個歷史背景使斯摩尼音樂廳除了美得像個天使，還散發淡淡哀傷的氣息。這裡多舉辦近代音樂家的音樂會，乳白色挑高的空間包容了每一個不和諧的跳動音符。

■ 兒童木偶劇場的老海報

▼ 經典取代漫無目標的實驗——大劇院

Большой драматический театр имени Товстоногова

地	址：	Санкт－Петербург Наб, реки фантанки, д65
電	話：	312-92-42
票	價：	10～170盧布
交	通：	地鐵Владимирская站

如果「天鵝湖」是不朽的芭蕾舞劇，那麼莎士比亞的「哈姆雷特」、「馬克白」，契訶夫的作品「海鷗」、「泛妮雅舅舅」……，則是大劇場永不下檔的經典之作，不花俏而忠實的呈現經典文學改編的舞台劇，需要深厚內涵的演員與重視傳統的文化環境氣氛，聖彼得堡就像一座複雜龐大的文化工廠，對世界源源不絕的輸出精準、訓練有素的藝術人員與表演節目。

俄羅斯男人的驕傲與罪惡淵藪

伏特加博物館

如同北極熊、魚子醬與俄羅斯娃娃，伏特加早已被視為俄國的國際標籤之一，不管您喜不喜歡這款有嗆鼻酒精味兒的飲料，它早已是世界公認著名的烈酒，也是俄國人生活的一部分。

Russia Vodka

地　　址：Конногвардейский　бульвар, дом5
電　　話：312-34-16；傳真：312-91-78
門　　票：25盧布
開放時間：11：00～22：00
信　　箱：russianvodkamuseum@hotmail.com

▼ 驕傲與罪惡的深淵

　　如果您到俄羅斯旅遊，尤其是小鎮鄉下，您可以在一天中的任何時段，任何一條街上，看到持著酒瓶搖搖晃晃的酒鬼，或是躺著早就不醒人事的醉

■伏特加博物館入口

漢。街上人群中、空氣中飄來陣陣刺鼻的酒精味是很正常的現象，婚禮節慶、喪禮車禍，不管是什麼理由，高興得喝，憂愁就更得加上一杯！兩天一小醉，五天一大醉，父母爛醉到不識親生子，或是青年酒精中毒被送進戒酒所，這一切可以形容瘋狂的、缺乏工作機會的俄羅斯鄉下與農民生活。

■伏特加酒保（左圖）
■各式各樣的伏特加（右圖）

常被不懷好意地問到：「馬小姐妳的酒量應該很不錯吧!?」我只能淡淡地微笑，不承認也不否認！在俄羅斯餐桌上，酒色永遠比菜色豐盛，盛菜的器具比不上盛酒的重要，不論是在高級餐廳或是學生宿舍裡，總歸一句話，「敬我們的友誼！」然後一飲而下！

▼ 伏特加的由來

伏特加的俄文Vodka，是源於Voda，俄文原為「水」之意，想法來自於希臘文akua Vida「生命之水」的意思，其酒精濃度從百分之四十到六十不等，有蒸餾與釀造之分，蒸餾的伏特加是工廠大量生產，味道純淨，上好的伏特加，如同一把沒有雜質的火焰；釀造的伏特加，通常是私人坊間的獨門佳釀，俄羅斯婦女用各種野薑果、辣椒和各種香料製成的伏特加，叫做「Somogon」（сам огон），這種私釀奇烈無比，再海量的男人不過三巡也早已不支倒地。

■機關槍造形的伏特加

■ 早期的伏特加商品
海報

▼ 伏特加博物館

伏特加博物館說明了伏特加的歷史：史上第一杯伏特加是在九世紀的俄羅斯修道院出現，修士除了研讀聖經還精通各種煉金術與化學物質，在偶然的實驗下，產生了這種麵包發酵後的酒水混合物，稱為伏特加，後來十八世紀直到俄法戰爭後，伏特加被法軍帶回國，才被法國人與世界推崇為「純淨的烈飲」。有趣的是，十九世紀獨裁的列寧政府，從上到下，從宗教到衣著，全都管制，唯獨對伏特加這個造成「國仇家恨」的杯中物，從沒下過禁令，原因是列寧自己也是杯中物的愛好者！直到戈巴契夫主政時代，他的一句話「國家因為健康理由反對酗酒」，大批查禁了烈酒工廠，對伏特加是史無前例的重大傷害。到了葉爾欽時代，將伏特加列為國家專賣，烈酒才恢復大量生產。除此之外伏特加除了當飲品，早年遠在西伯利亞地區資源缺乏，將伏特加當作病人手術麻醉劑、消毒劑，此外天寒地凍時除了取暖還兼醫療的偉大貢獻，因此酒當然更加禁不得！

一般的俄國男子不喝果汁稀釋的雞尾酒，因為不直接飲用就是「對酒不尊重」！

博物館內展有各色置酒容器、品酒器皿、相關歷史文件、造酒過程、各種造形頗具新意的特殊年份酒瓶，但是對於愛好杯中物的饕客，最重要的就是不能錯過館內專設品酒間，小小的吧台上，老闆兼解說員為您展示各年份不同品牌與紀念價值的伏特加，例如紀念一九四五年二次世界大戰勝利的機關槍造形伏特加，參觀者單點享用一小杯伏特加與幾塊醃製酸黃瓜，或是在吧台上點一份甜菜沙拉，意猶未盡者還可買幾瓶帶回家。

巧克力博物館

巧克力的甜，巧克力的苦，總被拿來與愛情相提並論，女人對愛
情的幻想與需要，相對的就等於巧克力對於女人的無限吸引力。

музей шакалода

地　　址：ул Жуковского д18
電　　話：(812) 327-36-93
開放時間：11：00～17：00
門　　票：免費
交　　通：地鐵Вастсния 站下，直走過馬路往左轉即可見。

▼ 新興消費文化代表──復古・奢侈・時髦

電影「愛情趴趴走」(down with love) 中，女主角齊蕾茲薇格以巧克力
當作做愛高潮的代替品，抵擋許多挫折與失敗的痛苦，可見巧克力在西方世
界，就是有這麼令人神迷無法理解的魅力！俄羅斯人崇洋的風氣，早已不是
新鮮事，早在十八世紀時，貴族社會中從頭到腳的「法國化」，以及聖彼得
堡城中隨時可見義大利文藝復興風格的建築，清楚可見俄羅斯「媚法尚義」
的足跡。但是話說回來，任何外來物到了俄羅斯，不「被包容」，卻是「被
同化」，外來物走出俄羅斯時，總是帶著一股「濃濃的俄風」。巧克力博物館
就是二十一世紀俄羅斯新興消費文化中的代表！

這不是一個博物館！這裡販賣著大人對童年的幻想與美好事物的回憶，
目前全歐洲共有十一家巧克力博物館，這股風氣也開始在聖彼得堡如火如荼
地展開。

▼ 最高的附加價值

關於巧克力的歷史可以追溯至兩千六百年前，在瑪雅文化遺址發現的一
個帶有巧克力液體殘留的陶罐，證實當時的人已懂得以加熱方式得到一杯熱
巧克力飲料。巧克力種類又依製造成分，分成黑巧克力、白巧克力與牛奶巧
克力三種基本形式，普通最陽春型的巧克力糖果一百公克在俄國市價約五十

■巧克力博物館大門

盧布，但是在巧克力博物館中的售價，少則十倍以上！這裡您看不到陽春型的巧克力，所有產品均經過手工與巧思的雕琢，或製成金銀色相間的復活節彩蛋，或仿琥珀質感的巧克力西洋棋造形，或是栩栩如生的上世紀領導共產黨革命的世紀風雲人物列寧形象。

▼ 幽默諷刺的生意・列寧的社會現象

當列寧從廣場上巨大的「神像」，變成餐桌上的甜點時，不禁令人對俄羅斯人的政治幽默露出會心一笑，一尊要價百元美金的「白色巧克力列寧」，相當於一個中學老師一個月的薪資。

巧克力博物館中年前推出的招牌作品——香濃牛奶列寧，卻創造了極佳的銷售成績，這尊「香濃的列寧」除了好吃、幽默，還透露出一個社會現象——極大的貧富差距，每月兩三百美金的薪資是正常所得，俄羅斯人檯面上與檯面下的所得，往往不成比例，消費得起奢侈品的新俄羅斯人只佔全國的百分之三，而百分之九十五的人卻死守苦窯過著卑賤的生活。

▼ 圖像世界——量產就是勝利

當列寧的頭像，像是麥當勞叔叔一樣開始被販售時，代表一個政治超人的時代過去，取而代之的是大眾市場消費與通俗文化的興起，巧克力列寧在

下一代的俄羅斯人心中，
將代表遙遠的極權文化，
極權政體被解釋成奢侈的
新消費文化，一種玩事不
恭的時代文化也將降臨俄
羅斯。

▼ 情人節攻陷俄羅斯

西洋情人節的由來，
是在西元三世紀末時，神
父瓦倫泰（St. Valentine），
不顧羅馬帝國皇帝古拉迪
禁止青年戰士過早成婚的命令，私自為年輕軍人證婚卻遭斬首的紀念日。兩
三年前情人節還被老一輩的俄國人痛斥為西方文化入侵傳統文化，但是近年
來抵擋不住消費號召的攻勢，西洋情人節已成為新俄羅斯人熱中的節日。

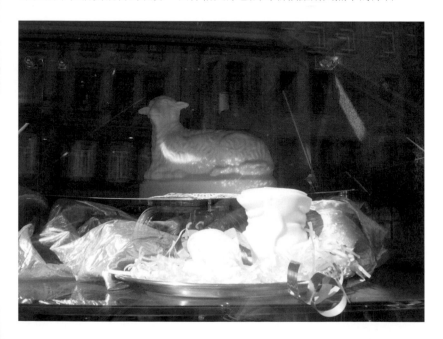

又酸又硬的美食
麵包博物館

黑麵包是區隔俄國與歐洲麵包文化的功臣，由小麥經過特殊酵母發酵，製成氣味厚重略帶酸味口感的黑麵包，據說有幫助消化的功能。

Санкт-Петербургский музей хлеба

地　　址	191040, Лиговский пр, д73
電　　話	164-11-10；傳真：164-13-59；預約導覽電話：164-11-10
開放時間	週二至週六10：00～17：00，售票口至16：00關閉
門　　票	大人10盧布、學生5盧布、外國人20盧布 攝影許可證10盧布
休 館 日	週日、一、每月最後一個週二
交　　通	地鐵Плошать Вастания Лиговсая站；公車3；有軌電車10、25、44、49；無軌電車42。

▼ 有麵包牛奶的生活

　　一九一七年列寧領導革命時，曾經允諾俄羅斯人民的未來是「有麵包與牛奶的明天」。麵包對於俄羅斯人的意義，相當於生命一樣！曾見一位俄國友人在台北街頭的精緻麵包店，為了找一塊硬得沒有甜味的麵包，因為找不到而悵然所失……。可見「麵包口味」這個題目，對俄國人來說是個攸關生命非常嚴肅的話題！

■烤麵包室

　　一般俄羅斯婦女每天都會上街買新鮮麵包，因此市區每個巷口幾乎都有賣麵包的小販，當我們的阿媽教導孫子「碗中粒粒皆辛苦」的同時，俄國的婆婆也同時教導下一代以「虔敬的心情」來對待麵包。

　　麵包除了在日常生活中扮演主食的角色，還有婚喪喜的助興與答謝之意，例如喜餅、壽餅、新生兒賀禮，還有教堂禮拜中的大小節日聖餐……，都是以不同樣貌的麵包呈現，例如麵包博物館內就有頗具看頭的城堡麵包、小提琴麵包、大枕頭麵包、獅子、豬……，還有精巧的菜籃麵包！

■麵包工房（左圖）
■大豬麵包（右上圖）
■以麵包製作而成的百
　寶箱（右下圖）

▼ 麵包博物館

　　博物館成立於一九八九年，藏有將近一萬六千件的展品，令人耳目一新
的是博物館中，從製作麵包的成分麥粉與酵母，到麵包歷史、炊製麵包的各
種工具、牆炕、烤箱，從早期手工到後期大型工業化，以及俄式鄉間的房間
擺設、餐廳與臥房、喝茶吃餅乾的小房間⋯⋯，所有關於麵包與日常生活的
物品全都一併展出。這些展品除了表達麵包與俄國人生活的緊密相連，也象
徵人類與植物界的和諧關係。

　　此外館中陳列一段歷史真相：一九四一年第二次世界大戰，當德軍圍城
最激戰的日子，全城嚴重缺糧，曾經實施麵包配給制度，勞工每人一天二百
五十克的麵包量（相當於四分之一個大蒜），而一般居民一天只有一百二十
五克，這是今日豐衣足食的台灣遊客無法遙想的緊困生活狀況！

▼ 黑麵包的神話

　　黑麵包是區隔俄國與歐洲麵包文化的功臣，由小麥經過特殊酵母發酵，
製成氣味厚重略帶酸味口感的黑麵包，據說有幫助消化的功能。首次品嚐的
外國人幾乎提起黑麵包都「為之色變」，這種帶有酸酒味道的麵包，搭配大
蒜與伏特加一起享用，可稱作「另類美食」。

聲音記憶
留聲機博物館

留聲機博物館位於聖彼得堡的彼得保羅要塞島上，彩色的招牌上畫著馬戲團表演的大黑熊與留聲機，非常引人注目！

Музей Граммофонов

地　　址：Санкт－Петербург, 191040 ул Большая Пушкарская д.47
電　　話：(812) 346-09-51
開放時間：請電話預約參觀時間
交　　通：地鐵 петроградская 站下，走十分鐘可到

■ 館長與他心愛的收藏

不只全俄國，全世界的博物館裡，留聲機博物館都是獨一無二的！

留聲機博物館位於聖彼得堡的彼得保羅要塞島上，彩色的招牌上畫著馬戲團表演的大黑熊與留聲機，非常引人注目！大馬路旁一隱密的小拱門內，屬於私人收藏的博物館，平日並不對外開放，必須與館長事先預約時間，才得入內參觀，留聲機博物館夾在兩百多個博物館的聖彼得堡城中，顯得格外小巧別緻。

館中總共有三百座大小不一、各種造形的古董留聲機，有金屬純銀喇叭形、精緻希臘神殿底座形、夜壺造形、植物花朵造形、大牽牛花形、大批生產的、全球獨一手繪的……，揭開了一八七八至一九三〇年四十年間一段工業歷史，人們如何把聲音記錄並重現出來的方法，包括留聲機、唱片、讀針，珍藏唱片的百寶箱，一方面是科技，一方面是美學，另一方面是館長——一部有趣的活歷史。館長瓦洛迪

151

亞，是一個少見有藝術家特質的人物，他自己就是一個傳奇，俄羅斯國立電
視台「傳奇人物節目」曾為他拍攝專輯。瓦洛迪亞穿著彩色的俄羅斯傳統服
飾在博物館四周會見訪客，他是蘇聯時期重要的國家馬戲團丑角與馴獸師，
親自率團在全俄國與歐洲巡迴表演，獲得「國家藝術家獎章」。

　　「請問你們為什麼要來我的博物館？」我們還沒來得及發問，就已經被
他搶先提出問題。瓦洛迪亞手裡拿著準備好的照片，就指著照片問我：「這
是台灣的哪裡？」（瓦洛迪亞在台北羅斯福路上小吃店的照片）「這是我十年
前在台灣馬戲團表演時，在台北街頭的照片，我對於台灣印象很好，妳們的
同胞對我很和善！」原來這位館長與台灣早有淵源！

　　說著，館長拉著我的手，走到一扇大鐵門前，隨之響起一陣馬戲團特有
的敲鑼打鼓音樂，鐵門緩緩拉開，頓時映入眼簾的是令人驚豔不已的上百部
留聲機，各種形狀的傳聲口，金、銀、彩色的，下面放唱盤的基座，有的製
作成希臘城堡狀，有的還可以放映電影，乍看之下宛如一座現代又原始的非
洲花園！「這些已經不再生產的手工製留聲機，是全世界獨一無二的藝術
品。」瓦洛迪亞說道。

　　關於館內的三百部留聲機，這些收藏是如何開始的？「第一部留聲機，
是為了馬戲團表演所購買的，留聲機可以為舞台效果製造更精準的配樂，當
初根本沒有開博物館的念頭。」館長回答道。提到館內最古老的留聲機長得
什麼樣子？館長指著牆壁的那一端，一個黑色細長的管子，下面有一個小木
箱。

　　他說：「最老的就是這個留聲機，當初人們還不知道複製聲音的原理，
喇叭越大聲響就越大，反之亦然！」除此之外，館內還有一些有趣的東西，
例如架上有一排小圓筒盒子，我好奇地問其來源。「當唱片都還沒有的時
候，就是這種滾筒，等於錄音帶，一個筒子只存一首歌曲，黑筒上面佈滿了

小洞洞，機器就讀取那些小洞而發出聲音。」館長說著。接著服務小姐展示了一個黑色的小滾筒。

接著從各種奇妙的各色留聲機中，館長又搬出一片奇怪的大鐵片。「現代的CD片就是用這個原理發明出來的，只是當初是直接在鐵片上挖洞，現在則是用雷射來製造成凹槽！」館長簡潔地解釋，使參觀者馬上就了解重複發聲科技的進步過程。

博物館中，有一個特別的角落，作成火車包廂的樣子，下面寫著「莫斯科——海參威線」。「我這大半輩子就是在火車上，與馬戲團連結的車箱中流浪度過的，所以車箱對我來說有特別的意義！」令人想起迪斯耐卡通「小飛象」就是在這種連結車箱與馬戲團一同成長的。大部分的留聲機是歐洲製造的，少數是俄國師傅的手工作品。「與馬戲團一起旅行世界表演的同時，我也趁機取得這些珍貴的進口貨。」提到蘇聯時代，館長說：「喔！蘇聯時代那並不是俄國最壞的年代！」館長瓦洛迪亞突然提高聲調。「那麼最壞是什麼時候？」「是現在！」他回答。「蘇聯時代政府精選代表國家的高水準馬戲團出國表演，現在不論阿貓阿狗都可以出國表演，我當初是在一流的馬戲團裡，到二十三個國家巡迴表演！所以有錢收集一屋子自己心愛的玩意兒！現在最好的藝人卻不一定得到最好的報酬。」

■20世紀英國生產的原木留聲機 (左圖)
■金屬彩繪喇叭的留聲機 (中圖)
■喇叭與音箱是一個整體的作品 (右圖)

瓦洛迪亞以半江湖味的口氣繼續說：「全世界最壞的國家，是美國！他們在全世界進行搜括搶劫後，把自己國家的價值觀，強壓在世界上每一個國

家上。」瓦洛迪
亞很不禮貌地對
美國比了一個中
指。「全世界的
文化都有存在的
價值，就像留聲
機發出的每一個
聲音，都應該飽
滿和諧，否則就
不是好的留聲
機！」我並不認
同館長談話中的
每一個觀點，但
是每一個人都有
表達自己的方

■ 華麗金屬喇叭的留
　聲機（左圖）

■ 館長瓦洛迪亞與解
　說員，左為留聲機
　與自燒壺結合的創
　意傑作（右圖）

法，重點不是他表達什麼，重點是表達得生動有趣！

　　另外館內有一個小房間，陳設著一個俄羅斯風味的單人木床與聖像畫。
「那是我的私人房間！這些留聲機與我住在一起，它們活在這裡，我是這裡
的捍衛者！」館長瓦洛迪亞以一種帶有使命感的聲音說道。

▼ 瓦絡迪亞的新發明

　　「為了答謝從台灣遠道而來的朋友，我還要給妳看一個東西。」瓦洛迪
亞邀請筆者走到博物館的盡頭，又走進一個寬廣的房間，牆壁上掛著不是閃
亮的留聲機，而是各種大小的金色自燒壺。「這些是我自己的創作！為了結
合留聲機與俄羅斯的喝茶藝術，我苦思發明了這個上面是留聲機下面卻是自
燒壺的『寶貝』。」館長說著，一邊從自燒壺裡汲取熱水為我泡了一杯好
茶，慢慢地「寶貝」上的金色留聲機唱出優美的老歌，這樣我在「寶貝」的
好茶與老歌中度過一個美妙神奇的下午。

　　博物館裡，在館長的身上，我們看到一個身體活在現在，而大腦卻活在
上一世紀的人物，「他與留聲機」活在自己的時代，在自己開創的王朝裡，
為生命留下最美好珍貴的聲音，這是留聲機博物館帶給我們的意義。

跳蚤市場

俄羅斯娃娃與烈酒伏特加，無論如何是俄羅斯文化中很表面的一部分，就像外國人到美國迪斯耐世界一定要買米老鼠，到德國一定要來杯好啤酒是一樣的。

地　　點：浴血復活大教堂後方的運河邊
時　　間：10：30～17：00

不知從何時開始，台北大街小巷的百貨公司與舶來品店，悄悄引進了彩色的俄羅斯娃娃，各種色調彩繪木製的俄羅斯娃娃一時蔚為風潮，娃娃的臉龐從傳統的俄羅斯女孩、少婦，到總統戈巴契夫、葉爾欽，到現在的「撲克臉」總統普丁，還有前陣子出現的國父孫中山先生「中國版俄羅斯娃娃」與「美國版」辛普森家族的俄羅斯娃娃，應有盡有。價錢從幾千元到上萬，全看製造與畫工師傅的精巧度與創意，別看這種又俗又土、千篇一律的俄羅斯娃娃，的確是傳統民俗工藝的代表作，今日連國家級的大博物館一樓，也賣起這種套娃娃，標榜的是「本土前衛藝術師祖」馬列維奇「至上主義」的套娃娃，作工不凡，要價也不凡！

聖彼得堡的跳蚤市場位於浴血復活大教堂後方運河旁，每天吸引無數本地與外國人前往挑選各色禮物、舊書與流落黑市的舊貨，別以為這裡只有「suvenier」（一般紀念品），運氣好的話，價值不菲的老家具與黑白舊照片，都可以在跳蚤市場上找到。

■俄羅斯娃娃

▼ 俄羅斯娃娃的由來

俄羅斯娃娃原文是 матрешка（英譯matrioshka），此字來自俄文女生名字 Матрена（英譯Martlena），中文譯成瑪德蓮娜，意思是這名女子是美麗與美德的化身。因此最典型的俄羅斯娃娃，都是以俄羅斯少女為主角，穿著傳統連身圍裙並帶著彩色編織的頭套，拿著繪有象徵財富公雞的手絹。俄羅斯娃娃的歷史並不長，是一八九〇年代由莫斯科北部七十公里的 Сергиев　Посад 一間童玩工廠所生產，用小鎮盛產的白樺木材，加上淡彩、水粉彩與水彩等混合材

料所製成。最初的俄羅斯娃娃要價很貴，而且沒有層疊的特點，只是單個具有裝飾性的玩偶。但是這種帶著俄羅斯少女迷人特色的玩偶，從童玩搖身一變，成為具有民族色彩的高級禮品，並且很快贏得了來自德國、巴黎的訂單，瑪德蓮娜的造形也從鄉間迷人姑娘，變成吹短笛的牧女，再到未婚妻與新娘的角色，造形與色彩隨之鮮豔活潑起來。二十年後的一九一〇年代，為了紀念俄國偉大短篇小說家果戈理，一間民間工作室製造了一個以果戈理幽默短篇作品「稽查員」為劇本的玩偶，這一次瑪德蓮娜化身為小說中的吹牛王、騙子、驕傲的人、判官與郵局局長，這個作品為瑪德蓮娜開啟走向幽默大眾文化的大門。Матрешка 只是一個通俗玩偶，但是象徵俄國傳統母性社會的特點。「開不完的謎底」也一部分吐露俄國人追根探索真相的個性。

▼ 當中國遇上俄羅斯──俄羅斯漆器

　　漆器文化自七千年前的中國，流傳到日本發揚光大，這種工藝技術到十八世紀末隨著絲綢與茶葉從東方飄洋過海到西方，到了俄國後，脫掉了東方文化的外衣，沒有龍、鳳、麒麟與喜鵲的幾何圖騰，改穿上了斯拉夫民族的文化，成了一個個彩繪著各樣迷你圖形的精緻珠寶盒、粉盒與傳家寶。不僅在俄羅斯，二十世紀後也在歐洲與美國風行起來。漆器的製作需要非常繁複的技術，必須以漆樹的汁液經過氧化後的黑色原料層層染上，來達到透明又具厚度的深棕色質感，手繪的風格與題材可依產地區分為五大類：一、平面的版畫風格（戰爭與歷史畫題材）；二、沿襲古俄羅斯聖像畫（宗教題材與平面構圖方式）；三、民俗的生活系列（取材自歌謠、民間故事、婚禮或聚會題材）；四、風景畫（各地的風景名勝）；五、金屬的大托盤（可盛放杯

■陶土娃娃（上圖）
■俄羅斯漆器（下圖）

盤的橢圓形大盤子）。大部分跳蚤市場販售的漆器珠寶盒都是廉價品，但您可別小看這些小玩意兒，製作精良的俄羅斯漆器盒，在畫面上所呈現的色澤、質感與構圖，都達到了堅實豐厚的油畫質感，搬上博物館的舞台可絕不遜色，加上這些迷你的彩繪畫面，鑲嵌著黃金絲與銀線，在光線下閃耀著精緻迷人的光芒。

▼ 小鎮土拉「最土」的童玩

大部分的俄羅斯工藝品都具有繁複華麗的風格，其中俄羅斯南部小鎮土拉出產的陶瓷童玩，是其中色彩與造形最簡單樸拙的一種。在簡化的造形下，人、馬、公雞、牛……，沒有五官、手指，塗著各種鮮豔的顏色，並且象徵不同的意義，例如黃色象徵溫暖的太陽，桃紅色象徵幸福的春天，紅色象徵熱情洋溢的愛情，綠色象徵適合耕作的大地，藍色則象徵天空。這些陶偶，大的高約三十公分，小的約十公分，他們身上有大小不一的洞孔，把玩一會兒後，才了解這個看似簡單、近乎笨拙的東西，竟是可以吹奏簡單旋律的陶笛。

▼ 旋轉的聖巴西爾教堂與木造童玩

木造的音樂盒與童玩並非俄國民俗工藝品的專利，因為木頭是全世界最接近人類的自然資源。在跳蚤市場可以發現到，這些木造的音樂盒加上象徵俄羅斯神話的圖騰，例如莫斯科紅場前的聖巴西爾教堂與聖彼得堡的浴血復活大教堂，普通的音樂盒立刻變成對消費者有購買慾望的商品，而其中最樸素單調的木造童玩，一隻隻木工雕刻的報晨公雞或玩球的黑熊，反而表現了最原始簡單的人與自然的和諧趣味。

▼ 藍白交織的奇想世界──克捷爾瓷器

一七三〇年俄羅斯東南部八十公里的克捷爾，是俄國歷史最古老的窯

場，也是民間生產手繪瓷器最有名的地方。克捷爾出產的藍彩白色的瓷器，包括杯子、茶壺、花瓶、盤子……，在簡單樸素的造形中，往往在盤緣或是杯緣，可見到不規則的弧度造形，是克捷爾窯場故意突顯手工製作生產的特色。瓷器上的彩繪圖形，除了植物與花卉，還搭配小的人物立體造形做陪襯，或坐或站，或阿公阿婆喝茶聊天，或耕田鋤地，是一幅標準的農村生活縮影。俄羅斯的瓷器從來不以輕巧透明取勝，相反地，厚重與誇張的體積感，更強調出俄羅斯這片土地上人民充滿豪邁天真的民族性。

■用評價買最高檔的真貂皮草（右頁上圖）
■帳棚內有各式各色的皮草（右頁下圖）

▼ 俄化的棋藝文化

在跳蚤市場中，棋子的攤位總是最吸引人的目光，一尊尊形狀色彩各異其趣的棋子與棋盤，往往給駐足的旅客留下鮮明的第一印象。俄國棋與西洋棋有不同的下法，棋的名稱也有若干的差別。造形特殊的棋子是跳蚤市場中頗富有特色的一類，有金屬製的、有陶塑的、有原木製的，其中以純手工的檜木製棋與大棋盤為上等，而最高級的由琥珀、象牙等材料製造的整組棋，在跳蚤市場並不多見。如果您有機會造訪俄國，並且到俄羅斯人家中作客，若主人從櫥櫃中拿出一套質地與造形兼備的棋組邀你共玩，除了顯示屋主的生活雅興，也說明你已經融入當地生活。

▼ 滿足女人奢迷的夢——貂皮大衣

作家果戈理曾寫有一篇文章名為「大衣」，描寫俄國人重視大衣的心態，女人不惜付出龐大代價只為了漂亮華服，可以不吃不喝……。您想過貴婦人的癮嗎？

光鮮亮麗的貂皮大衣穿在身上是什麼感覺？這裡有各種上等的貂、北極狐等您來挑選。女人愛美的虛榮心永遠強過動物保護人士的愛心，俄國向來沒有「動物保護協會」或是「人權組織」的干涉，因此俄國的皮草市場一向熱絡，不管夏季、冬季總有客人上門（夏季折扣較多）。這裡有各種的皮草，尚未製作成大衣的整片貂皮，客人可任意挑選，折扣喊價，可製作成圍巾、帽子，或是領口、袖口作為裝飾。如果嫌氣候太熱穿不上，或是整件太昂貴，您家中一件普通的深色大衣，購買一條上好的貂皮當領口裝飾，衣著瞬間就產生了華麗感，充滿貴氣。

皮草市場旁邊有寵物市集，星期假日有各類血統品種的家庭寵物，愛小貓小狗的人士常全家出動逛街，挑選配種，可見喜愛貂皮大衣的血淋淋心態，與嗜好養寵物這兩種矛盾現象，並存無礙，對俄國人來說可是一點都不奇怪的現象哩！

此外，位於Плюстравский проспект д47，週二至週日上午十一時至下午五時有皮草市場。這裡有各種上等的貂、北極狐、兔皮、熊皮，製成各種長短大衣、帽子、圍巾、背包等等，加工或是未加工的各色皮草應有盡有。提醒購買時，辨別皮草真偽的訣竅，除了看毛色濃密，摸觸時還要把皮面翻轉過來看才容易分辨。

▼ 沙皇的珍饈與享用不盡的烈酒

魚子醬與北極熊、伏特加這些俄羅斯標誌相比，魚子醬是侵略性最小卻價格最昂貴的一種。魚子醬是由大鱘魚卵製成，俄國、伊朗間的裏海，因為水中有一種特殊藻類成為鱘魚的主食，也因此得天獨厚孕育這種人間美味。黑色魚子醬吃起來鮮美中帶點海水的鹹味，細細小小的魚卵顆粒，滑在嘴中卻有韌性。俄國魚子醬的傳奇與風味早在十二世紀就已揚名，由於一尾鱘魚需要十八到二十年的生長期，可謂吸收日月精華，因此更成為舉世爭購的高價珍品。俄人食魚子醬，通常配著半顆白煮蛋，或是小綠葉塗薄奶油的白麵包，配菜味道不能過重，重了就糟蹋了海中的寶貝。天生會做生意的歐洲人，將魚子醬的口感品味與生產過程，吹噓成一個具有神祕特色的傳奇，作成漂亮的燙金版專書，放在高級魚子醬專賣櫃旁出售，魚與水幫襯，又是一個銷售奇蹟。「再貴都值得」，因為消費者買到的，不是幾粒魚子醬，吃下那幾粒黑珠子，沙皇的幻影已成了你自己！魚子醬在俄羅斯文化中代表富饒的大自然資產與極權文化。

▼ 善變的觀光客與不變的價值

俄羅斯娃娃與烈酒伏特加，無論如何是俄羅斯文化中很表面的一部分，就像外國人到美國迪斯耐世界一定要買米老鼠，到德國一定要來杯好啤酒是一樣的。但無可置疑，民俗工藝的確反映一部分當地文化，若是您對俄羅斯的認識僅止於伏特加酒與魚子醬，就永遠參不透真正俄國文化的精深。

找回兒童劇場的樂趣
木偶博物館

位在瓦溪里島小河邊的木偶博物館於一九九九年成立，建築外觀
雖不起眼，內部卻擁有豐富的館藏，綜合了上一世紀老偶戲師傅
的作品以及戰後私人收藏的大集合。

Петербургский музей кукол

地　　　址：в. о., ул. камская, д. 8.

電　　　話：(812) 327-72-24；傳真：321-68-34

開放時間：10：00～18：00

休 館 日：週一

門　　　票：大人30盧布、學生小孩15盧布
　　　　　　博物館工作人士或是藝術學院學生5盧布
　　　　　　軍人、殘障者免費
　　　　　　每月第二個週二未滿十八歲兒童免費

交　　　通：地鐵 Василеостровская 站，下車後轉搭小巴士К-249А。

（大師教授木偶製作課：國寶級俄國師傅教授如何製作玩偶，每節60盧布，材料自
備。洽詢電話：327-72-24）

▼ 整理過去·重新出發──木偶博物館成立緣起

　　任何走過蘇聯時代的人都知道，沒有神與沒有過去的時代，是最恐怖的
時代。新一代的俄羅斯人對於整理收集史料、文物與藝術材料上，比起上一
代顯得更加地積極，深怕人處在變動的時局，在每日強迫遺忘過去的生活
裡，人連面對未來甚至今日的勇氣都失去了。聖彼得堡木偶博物館就是在這
股「復古」的文化觀中悄悄成立的。位在瓦溪里島小河邊的木偶博物館於一
九九九年成立，建築外觀雖不起眼，內部卻擁有豐富的館藏，綜合了上一世
紀老偶戲師傅的作品以及戰後私人收藏的大集合。

　　博物館是兩層樓建築，分為各種不同主題的展聽，例如俄式鄉間生活、
民間神話故事、聖彼得堡人、普希金的世界、今日與昨日世界……，不時以
節慶為主題更換展覽。

▼ 無邊界的想像力

　　台灣偶戲中的掌中戲、布袋戲，在尺寸與樣式上為了操縱方便，有一定

■ 博物館入口的海報

161

■木偶展廳

的規格，而西方的偶戲造形就顯得天馬行空，劇場演員可以用提的、掛的、穿的、拉的……，各種方式在舞台上把玩布偶。西方人的審美趣味本來就比較誇張、強調立體，因此布偶戲師傅的競技場也就顯得更加寬廣起來，而西方木偶的製作材料除了標準的木頭，還有稻草、竹棍、棉花……，只要可以塑型、上色的材料，都可以納入木偶製作的版圖。

其中的作品有〈叼著菸斗的禿頭外公〉、〈鏡子神奇聖誕樹〉、〈騎著輪胎飛舞的小丑〉，還有〈模擬真人大小的魔法師〉，尤其是最後一間獨一無二的藝術家手工木偶展廳，這裡陳列著偶戲師父為了滿足自己的心靈（不是為舞台或商業需要）作出的成品，每一個角色的肢體是那麼動人，個性鮮明。木偶博物館的收藏，打破了我對木偶舊有的認識，好像世界又對我打開了一扇門。

我逛著博物館，欣賞著藝術家天馬行空的創造力，瞄到身旁小朋友驚喜的表情，嘴角與心情都飛揚起來！

▼ 木偶工房

　　二樓設有一個木偶藝術家工房，來訪者可以看到製作木偶的過程，從草圖到打樣，裁切到縫製的過程，還有師父工作的夥伴：裁縫車、老式熨斗、衣服的製版圖，還有各種傳統民族配件，讓觀者對木偶的創作過程有更進一步的認識。

　　星期六下午一趟木偶博物館之旅，不騙你，能讓整日灰色的心情染上一抹陽光，徜徉在色彩鮮豔的幻想世界！

■飛天黑人偶

■布偶工房

玩具博物館

儘管國籍與膚色的差別，世界上的小孩幸福的那一刻都是從大人
那兒接獲滿懷的擁抱與禮物的時候，從小被濃濃的關愛所灌溉的
人，長大以後也會用愛來灌溉別人。

Петербургский музей игрушки

地　　　址：191011, наб　реки Карповки, дом 32

電　　　話：234-43-12；傳真：275-79-86

開放時間：11：00～18：00

休 館 日：週一

門　　　票：大人30盧布、大學生15盧布、小學生10盧布
　　　　　　攝影許可證50盧布、錄影許可證150盧布

交　　　通：地鐵 Петроградская 站

聖彼得堡玩具博物館，
是一個很有趣的地方，開放
在靜靜的小河邊，旁邊古色
古香的聖女修道院旁。博物
館成立於一九九九年，是很
年輕的非官方性博物館，館

■工業革命後的塑
　膠玩具也有專櫃
　（左圖）

■泰迪熊一百週年
　的海報（右圖）

內四個展廳,展出前一世紀到蘇聯解體後的古董玩具,有蘇聯式的小木馬、陶瓷娃娃、墨西哥的笛子、德國的電動火車,甚至日本的招財貓。

　　館內分為四個展廳,第一個展廳陳設各種各樣的活動式木製玩具,有音樂盒式的拉風琴阿公,還有彩色積木房,最令人驚訝的是日

■日本玩具(上左圖)

■日本官員玩偶(上右圖)

■泰迪熊廳內的珠珠熊(下左圖)

■日本的木製不倒翁相撲在博物館中也可見到(下右圖)

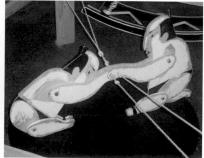

本相撲也來到俄國，這是可以用繩子控制相撲的兒童遊戲！接下來的展廳是工業革命以後的玩具，裡面有塑膠製的娃娃、瓷器製的玩偶、維妙維肖的迷你別墅，還有電動遙控火車與鐵路……。

第三個廳是泰迪雄廳，喜愛小熊的女生，到此可是樂歪了！各式各樣的泰迪雄，有拼布的、緞面的、亮晶晶彩色珠珠串成的，還有絨毛線編織成的各種造形

■泰迪熊廳內的大眼熊（上圖）
■泰迪熊群（下圖）

泰迪熊、吹喇叭的泰迪熊、拳擊賽中的泰迪熊，以及泰迪熊百年紀念海報。最後一個展廳是各國的迷你玩具，其中最精緻的屬中國造形的京劇玩偶，接下來的是日本式的陶瓷玩偶，還有食用性材料製成的玩偶，例如起司龍，或是糖果人偶，或是俄國式的彩繪童玩。各種有趣生動的玩具，足以讓大人童心大發，小孩大開眼界！

■ 德國幽默長鼻套圈玩偶（上圖）
■ 中國京劇玩偶也在此出現（下左圖）
■ 起士做成可以食用的小童具（下右圖）

真假暴君的命運

領袖廣場

屈指一算，俄羅斯歷史上大約每兩百年誕生出一位可怕的大暴君，從恐怖的依凡·彼得大帝到近代的列寧，似乎有一脈相傳的血統。

　　暴君們雙手帶著萬人血腥，也受到近乎盲目的崇拜，從星期例假日在領袖廣場上此起彼落舉行著婚禮，可以發現俄羅斯人民選在皇帝的腳下完成終身大事有一種強烈而複雜的懷舊心態，包括對蘇聯解體的惋惜，以及對過去生活「輝煌歷史」的懷念。

▼ 青銅騎士

地址：На площади декабристов

　　青銅騎士是彼得大帝的孫女葉卡契琳娜女皇，於一七八六年聘請法國雕塑家法康畢（Е. М. Фальконе）所設計。彼得大帝騎在馬上，右手高指著西方──象徵彼得大帝一生向西方學習的信仰；腳底踩著巨蛇──象徵與北

■青銅騎士

方瑞典的戰爭勝利。這個簡潔生動的形象，不僅將彼得的個性與相貌深刻地刻畫在市民的腦海中，並且成為聖彼得堡最著名的標誌，與聖彼得堡電視台的台徽。

▼ 不死的列寧──列寧廣場

地點：пересечении Московского Ленинского проспектов

　　聖彼得堡的莫斯科大道，是任何人進出城、出國回國必經大道，而來往必經的就是列寧廣場。一九七〇年

■莫斯科大道上的列寧廣場

著名雕塑家安尼庫申（М. К. Аникушин）設計的列寧廣場，是標準紅色政權的產物，這個生動的形象成功地塑造了當年（1917）列寧領導無產階級革命時對著共青團演講的招牌動作：右手伸出向群眾宣告「馬克思主義是我們革命的光明道路」。三十年後時局變遷，許多共黨領袖的雕像被移除，少數被保留的列寧雕像，有些受到歡迎而少數被挪揄為「老舞者的廣場」、「計程車招呼站」、「凱薩大帝——一隻垂死的天鵝」等等滑稽又不堪入耳的外號，不知今天列寧若仍在世，聽了會作何感想？

▼ 冬宮廣場

地址：пл. Дварец

冬宮廣場佔地廣闊，一八一九至二九年由建築師卡勒羅西所設計興建。

它成功地結合了冬宮、司令參謀部、禁衛軍團部等重行政單位。今天是政府舉行閱兵典禮、大小慶典與每年五月城慶活動的地方。廣場中央有亞歷山大紀念柱，柱上的天使，象徵俄羅斯受難的靈魂與救贖的基督教精神。夏天許多的娛樂節目在廣場舉行，例如甚受歡迎的啤酒節、露天音樂會等。

■冬宮廣場

夏園

夏園最吸引人之處是聳立在河岸邊雄偉莊嚴的圍牆，鏤空雕花的圍牆上，鑲著金色海浪的標誌與尖短的利刃，象徵著十八世紀俄國海上霸權的野心。

Ледный сад

地　　點：191041, ледний сад

電　　話：314-03-74、314-04-56

開放時間：夏季10：30～19：30；8月至10月10日期間10：30～18：00

休 館 日：週二與每月最後一個週一

交　　通：地鐵 Гостиный двор Горьковская 站；公車46、134；無軌電車14、34、54。

▼ 醉人的歐式情調

　　夏園顧名思義「夏季開放的花園」。帶著一顆平靜的心，漫步在夏園中，樹影搖曳、清風撫面，是一種絕對優雅的情調。

　　夏園是一七一〇年彼得大帝在位時開始動土，位於噴泉河岸與涅瓦河岸邊，歷經建築師費契利與幾位設計師的規畫，而有至今完整的樣貌。夏園最吸引人之處是聳立在河岸邊雄偉莊嚴的圍牆，鏤空雕花的圍牆上，鑲著金色海浪的標誌與尖短的利刃，象徵著十八世紀俄國海上霸權的野心。

　　走進夏園內，可見八十九個仿古義大利石雕（1777年大水災後，夏園250個雕像中碩果僅存的遺跡）或站或作，或英雄或婀娜多姿，其中最引人注意的是一八五四年的雕塑——加克羅德特製作的寓言小說家克雷洛夫青銅塑像。

▼ 露天音樂會與戲劇表演免費參觀

　　直到十八世紀末，只有沙皇與他的親信能夠進出夏園，平民百姓總是被拒絕在門外，而今日的夏園則成為人人喜愛的休閒處。

　　一九二五年夏園正式成立為博物館，並且開放彼得大帝的「茶屋」供民

■夏園一景（右頁上圖）
■彼得大帝的「茶屋」（右頁下圖）

■彼得大鐘

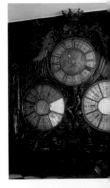

眾參觀，「茶屋」一樓是彼得大帝的工作室、餐廳與廚房，二樓是凱薩琳一世的綠色寢室，裡面的家具、壁毯，至今維持當年原貌。值得一提的是，展廳中有一個小房間，是皇帝的廁所，也是今日所有俄國宮殿中唯一可見到沙皇如何「如廁」的地方。房間內壁紙由暗紅色的皮料製作，一盞小小的黃燈高掛屋頂，若沒看到地上的馬桶，房間內可有種情色氣氛在漂流著！

　　夏園顧名思義只有夏季開放，冬季閉館，然而每年五月初的開館典禮都是俄羅斯藝文新聞的頭條，因為五月的這一天這裡齊聚了各種民俗表演與音樂家的聚會，是自然界與藝術界齊聲宣告「美好的夏日已經到來！」的重要一天。此外每年國慶日民眾在夏園圍牆外觀賞對岸施放煙火是最佳地點。

　　近代詩人、畫家、音樂家不約而同地以夏園為抒情對象，各種歌頌夏園美景的作品永不停歇地在藝文界上演，使得夏園的夏秋兩季瀰漫在醉人的藝術旋律中。

■園中的義大利雕塑與俄羅斯小說人物的青銅雕像（左圖）

■夏園入口（右上圖）

■內部擺設一景（右中圖）

■皇帝的馬桶（右下圖）

北方威尼斯

聖彼得堡的橋

建議您犧牲一點睡眠，在夏日的凌晨與從各地包乘遊覽車，或是散步前來的俄羅斯人與當地人，一同齊聚涅瓦河畔，靜靜地享受這既華麗又浪漫多情的一幕。

　　三百年前的聖彼得堡是一個沼澤地，三十幾條河流將市區分割成無數的大小島嶼，五百○三座大大小小橋樑的風味決定了城市的氣質，下面以三座美麗的小橋做為他們的代表。

Мост Аничков
▼ 阿尼契科夫橋
地點：噴泉河（р. фон танка）與涅夫斯基大道交會

　　一七八五年建造完成的阿尼契科夫橋（俗稱「四馬橋」），橫跨噴泉河與涅夫斯基大道，由四匹俊馬與四位壯漢的造形組成橋樑的四個橋身，雕塑精采的描述主題──人與自然爭戰。橋的特色在於整體風味恰巧與橋身前方的阿尼契科夫宮殿（搶眼桃紅色的巴洛克式風格建築），形成一對雄偉的「粉紅聯盟」。

■四馬橋的部分橋身

■遠眺阿尼契科夫橋（四馬橋）

廣　告　回　郵
北區郵政管理局登記證 北台字第7166號
免　貼　郵　票

藝術家雜誌社　收

100　台北市重慶南路一段147號6樓

6F, No.147, Sec.1, Chung-Ching S. Rd., Taipei, Taiwan, R.O.C.

Artist

姓　　名：＿＿＿＿＿＿＿＿　性別：男□ 女□ 年齡：＿＿＿＿

現在地址：＿＿＿＿＿＿＿＿＿＿＿＿＿＿＿＿

永久地址：＿＿＿＿＿＿＿＿＿＿＿＿＿＿＿＿

電　　話：日／＿＿＿＿＿＿＿＿　手機／＿＿＿＿＿＿＿＿

E-Mail：＿＿＿＿＿＿＿＿＿＿＿＿＿＿＿＿

在　　學：□ 學歷：＿＿＿＿＿＿＿＿　職業：＿＿＿＿＿＿＿＿

您是藝術家雜誌：□今訂戶　□曾經訂戶　□零購者　□非讀者

客戶服務專線：**(02)23886715**　E-Mail：**art.books@msa.hinet.net**

人生因藝術而豐富・藝術因人生而發光

藝術家書友卡

感謝您購買本書，這一小張回函卡將建立
您與本社間的橋樑。我們將參考您的意見
，出版更多好書，及提供您最新書訊和優
惠價格的依據，謝謝您填寫此卡並寄回。

1.您買的書名是：_____

2.您從何處得知本書：

　　□藝術家雜誌　□報章媒體　□廣告書訊　□逛書店　□親友介紹

　　□網站介紹　　□讀書會　　□其他

3.購買理由：

　　□作者知名度　□書名吸引　□實用需要　□親朋推薦　□封面吸引

　　□其他 _____

4.購買地點：_____ 市（縣）_____ 書店

　　□劃撥　　　□書展　　　□網站線上

5.對本書意見：（請填代號1.滿意 2.尚可 3.再改進，請提供建議）

　　□內容　　　□封面　　　□編排　　　□價格　　　□紙張

　　□其他建議 _____

6.您希望本社未來出版？（可複選）

　　□世界名畫家　　□中國名畫家　　□著名畫派畫論　　□藝術欣賞

　　□美術行政　　　□建築藝術　　　□公共藝術　　　　□美術設計

　　□繪畫技法　　　□宗教美術　　　□陶瓷藝術　　　　□文物收藏

　　□兒童美育　　　□民間藝術　　　□文化資產　　　　□藝術評論

　　□文化旅遊

您推薦 _____ 作者 或 _____ 類書籍

7.您對本社叢書　□經常買　□初次買　□偶而買

■豔陽下的四馬橋

мост Банковский

▼ 銀行橋

地點：革利巴耶朵夫運河（Канала Гриб оедова）上

　　一八二五年建造的銀行橋——聖彼得堡市區最早的步行木造橋，四座挺立帶金翅膀的母獅子所架構的橋身，四對翅膀在陽光下顯得閃亮動人。該設計非常有趣的一點是，每隻母獅頭頂各有一個別緻的路燈，四盞燈光在夜間發出昏黃的色調，為兩大教堂（喀山大教堂與浴血復活大教堂）的街景，增添一股幽暗神祕的美感。

Мост Инженерный

▼ 工程師橋

地點：噴泉河與別林斯基街（у.Белинско го）交會處

　　工程師橋是一八二四年建築師巴金（П. П. Базен）與克萊貝龍（Б. Клай перон）的作品，五十六公尺的橋身每一個組成的線條都極為講究，綠色與金

■工程師橋上的國徽

色的搭配，與噴泉河米黃、鵝黃色的河邊建築物連成一氣。粗大的石造橋墩上站著四隻精緻的雙頭鷹──俄羅斯國徽，在這座橋上我看到了線條的「講究」，俄羅斯人這種對美麗過於刻薄、吹毛求疵的講究，是他們驕傲的本錢。

▼ 夏日開橋景觀

開橋時刻表：冬宮橋（Дворцовый мост）：第一次1：35～2：55；第二次3：15～4：50

亞歷山大涅夫斯基大橋（Мост Александр Невского）2：30～4：50

證券大橋（Биржевной Мост）2：10～4：50

李欠寧大橋（Литейный Мост）1：10～4：55

（每年均有些微調整，相關細節可撥009付費諮詢台）

對於晚上不愛睡覺的人來說，能夠深夜溜出門看精采的表演，享受「只有今宵，沒有明天的頹廢」，簡直比

一覺到天明更具吸引力！欣賞深夜開橋景觀是俄羅斯人的一種享受。每年四月開始，聖彼得堡的日光從冬眠黑夜中甦醒，越接近夏天白天時間就越長，天候與俄羅斯人的心情也跟著溫暖起來。

橫跨涅瓦河上的十四座大橋，一九一二年在英明的建築師規畫下，添加開橋設計，使橋身可以七十度地向上打開，以方便大型船隻來往。加上河岸的燈光與二十四小時的酒吧，無疑為晚上不睡覺的人，提供一個別具情調的去處。晚上不睡覺的，反而是俄國當地人參與的較多，外國觀光客反而因為早上體力透支而倒頭大睡，錯失這個難得美景！建議您犧牲一點睡眠，在夏日的凌晨與從各地包乘遊覽車，或是散步前來的俄羅斯人，一同齊聚涅瓦河畔，靜靜地享受這既華麗又浪漫多情的一幕。

■ 看開橋景觀的情侶（上圖）

■ 凌晨涅瓦河畔的開橋景觀（下圖）

時間帶來的人味

陋巷中的古董店

當你靜靜地走在透著窗光的古董店，你與時間無爭，時間帶給你
的快樂就是無限的。

地　　　址：遍布於聖彼得堡市中心的巷道胡同、瓦溪里島的「中街」與彼得保羅
　　　　　　要塞一區。

▼ 小巷中的寶窟

　　千萬不要小看在俄羅斯的巷道裡，尤其是聖彼得堡街頭巷尾樸實不加修
飾的小店，可能藏了真正的百年好貨！有人用看「老古董」的心態去「看」
古董，有人用「尋寶」的心態「找」古董，而我用欣賞「時間之美」的角度
「賞」古董，像是試著去認識五十歲甚至五百歲的「老」朋友，來欣賞歲月

■俄羅斯巷道內的
古董店

流逝的痕跡，這種細細品味的樂趣，可不同於百
貨公司裡的當季熱賣，或是血拼限時搶購。當你
靜靜地走在透著窗光的古董店，你與時間無爭，
時間帶給你的快樂就是無限的。

▼ 懷舊中卸下俄羅斯人冷酷的面具

　　逛俄羅斯的古董店又不同於在傳統跳蚤市場
亂逛的那種隨性，帶有一點尊貴的性質，又不同
於逛博物館，因為如果想要的話，你可以把它們
帶回家！

　　如果加上一點想像力的催化，面對小店裡整
個牆面與地板上的珍奇寶物，你可以將自己化作
清朝「乾隆皇帝」賞玩著各地進貢來的真品，面
對俄羅斯與各國大臣供奉出來的琺瑯質菸壺、透
光的厚玻璃器皿、鑲著紅藍寶石的基督聖母聖像

畫、火車上專用的老銀杯、從富貴人家流落出來的頂級古典風景老油畫、百年義大利家具或是青銅吊燈、鑲著金箔的老燭台，或是突然會冒出三隻小鳥歌唱的大型古木老鐘，一把柄與刀鋒比例優美的男爵腰間配劍……，撫摸著皇家精品的快意，嗅嗅上面的氣味，真的可以為生活帶來一些有趣的靈感！

▼ 不分貴賤的愛美天性

俄羅斯人收集古董並非富貴人家專屬的專利，許多百姓也有這個愛好，一般家庭中常常可以見到一些耐看、美麗的老東西，例如一塊祖母刺繡的細緻手絹，或是從前燒飯的黃銅大鍋、耕田用的老鋤頭、鐵耙，都可以掛在別墅中增添情趣，又如早期沒有電熱器的時代，燒木炭的銀製煮水器（或是純黃銅製造的）、製作精良的炭燒壺，那壺身的弧度、彎嘴與整體的搭配，看來真是美麗！今天這種炭燒壺被擺放在小家庭的櫥櫃裡，來紀念那個全家團聚共享燒炭喝下午茶的年代。欣賞古董其實是品味「時間帶來的人味」！

俄羅斯古董店林立，其實透露了俄國人民念舊以及愛美的天性。人的愛美表露於外在，而購買古董則是一種念舊與重感情的表達形式，在古董店裡一片懷舊與家庭氣氛中，也許你可以像俄羅斯人一樣，在這裡卸下自己冷酷嚴肅的外衣。

遊河

坐在小船上，最愉快的莫過於船身從市區的小河中，駛到寬廣的
涅瓦河面上那一刻，視野頓時開朗起來，可以整體地感受彼得大
帝三百年前規畫建城時的恢弘氣度。

時 間：每年5月至8月早上8點到天黑之前
地 點：市中心任何一條河的碼頭

　　短暫夏季的陽光，對聖彼得堡人而言是異常珍貴的，任何來到聖彼得堡
的人，如果捨不得一百五十盧布的代價，享受在小遊艇上欣賞城市風光的機
會，也就錯過了以最慵懶的情調欣賞聖彼得堡的機會。

　　從陸地上與從河上看聖彼得堡最大的差別，就是後者能感受迎面而來的

■乘著小船遊河，沿河可見聖彼得堡各具特色的老房子

清風與水花飛濺的涼爽，市
區的房子都是上百年古蹟，
沿河經過的每一棟老房子，
它們身上的色彩與風格樣
式，都可再三地品味咀嚼。

　　坐在小船上，最愉快的
莫過於船身從市區的小河
中，駛到寬廣的涅瓦河面上
那一刻，視野頓時開朗起
來，可以整體地感受彼得大
帝三百年前規畫建城時的恢
弘氣度。唯一的不便，是船
上的俄文導遊過於熱情，對
於不懂俄文的可能覺得太
吵，或許需要的人可以準備
耳塞，這樣就可以擁有兩全
齊美「完全清靜」的水上聖
彼得堡之旅。

■停靠在碼頭旁準備載
客的遊艇，乘著小船
遊河，沿河可見聖彼
得堡各具特色的老房
子（右頁上圖）
■停靠在碼頭旁準備載
客的遊艇（右頁下圖）

夕陽、啤酒、鮮肉串
芬蘭灣

帶一瓶啤酒，跑到芬蘭灣，看夕陽與俄羅斯青年瘋狂戲水的樣
子，或是看著女人赤身裸體享受日光浴的閒情，不是「享受」兩
字可說得盡。

地　　點：	"Васильевский остров"瓦溪里島的最北端
交　　通：	地鐵 приморская 站下，轉6號小巴士直達
開放時間：	全年無休

　　老實說在俄羅斯的日子，最享受的不是逛冬宮，或是在學校裡畫畫，而
是下課後帶一瓶啤酒，跑到芬蘭灣，看夕陽與俄羅斯青年瘋狂戲水的樣子，
或是看著女人赤身裸體享受日光浴的閒情。看著他們赤裸著上身，瘋狂地奔
跑，懶洋洋地趴在地上，或是儷影雙雙地散步，讓我想起了台北淡水夕陽下
的碼頭，有幾分相似，唯一不同的是淡水碼頭不會結冰，淡水的冬天不能在

■芬蘭灣瘋狂
　享受夏季的
　年輕人

■在結冰的芬
　蘭灣上堆雪
　人(右頁圖)

天然的「溜冰場」上飆車（更接近一點說應該是「飆冰」），因為結冰厚度不一所帶來瀕臨死亡的駕駛樂趣。而芬蘭灣上沒有甜中帶辣的豆腐粉絲「阿給」，卻有啤酒攤上現烤的「莎士力克」：一種鮮美多汁的肉串。

　　芬蘭灣載滿了我的回憶，我閉上眼，就想起那段美好的流浪歲月。

■在芬蘭灣上也可以散步也可以飆車（跨頁圖）
■芬蘭灣戲水的年輕人（上圖）

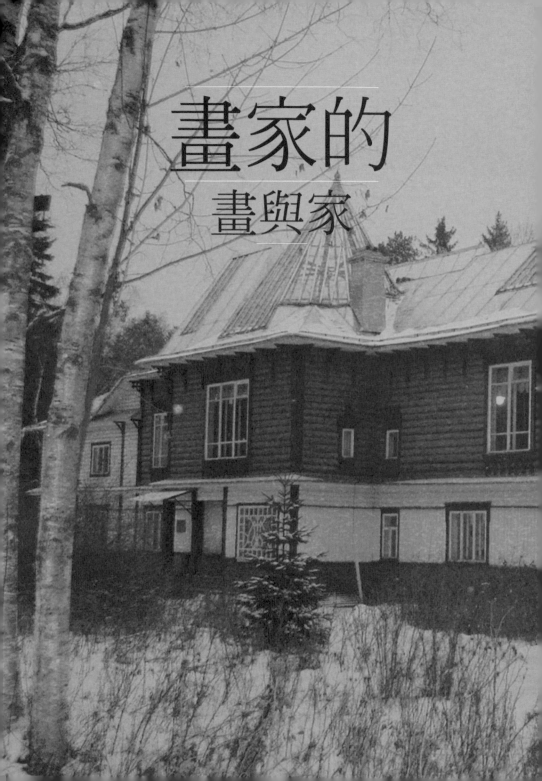

畫家的
畫與家

契斯恰柯夫博物館

「沒有契斯恰柯夫，就沒有俄國堅實的造形教學系統，沒有契斯恰柯夫，就沒有十九世紀俄國美術的黃金時期！」

Музей Чистякова

地　　址：189620, Санкт-Петербург, г. Пушкин, Московскоеш., 23
　　　　　Проезд: С или от пл" дост ". Отст. метро "Московская" авт. 287 и
　　　　　маршр.
　　　　　таксид; в г. Пушкине авт. 383, 384

電　　話：470-0-85，470-77-12

開放時間：週三、六、日，夏季10：00～18：00、冬季11：00～17：00，
　　　　　售票口提早一小時關閉。

休 館 日：週一、二、四、五

門　　票：大人40盧布、學生20盧布

交　　通：火車 Витебского вокз 站；地鐵 Купчино 站下車，轉火車到 Детское
　　　　　Село ；地鐵 Московская 站下車，轉公車287到 Пушкина。

人類的心靈感受、知識與實踐三個部分就是藝術的全部
　　　——契斯恰柯夫對藝術的定義

契斯恰柯夫（1832～1919）在近代俄國繪畫史上，扮演著相當重要的位置——集大成的藝術導師，他創立了獨門的契斯恰柯夫教學系統，提供每一位年輕習畫者一套可以依循的方針，名畫家謝洛夫曾說過：「沒有契斯恰柯夫，就沒有俄國堅實的造形教學系統，沒有契斯恰柯夫，就沒有十九世紀俄國美術的黃金時期！」

■珍貴的契斯恰柯夫黑白照片

契斯恰柯夫博物館位於沙皇村的市郊，博物館原是契氏的暑期別墅，建於一八七六年，畫家自四十四歲後在這裡創作教學，也在這裡終老一生。博物館外觀是一棟標準俄式鄉間的兩層樓木屋，外圍裝飾著原木色的手工木雕民俗圖騰，在冬季白雪襯托下顯得格外雅致。博物館於一九七九年開放，隸屬蘇維埃國家科學藝術研究學院。

在我們的藝術裡有兩個部分：堅強的、頑固的──是素描；柔軟的、感受性的──是油畫。

──契斯恰柯夫語錄

■ 契斯恰柯夫博物館是標準俄式鄉間的兩層樓木屋（上圖）
■ 契斯恰柯夫博物館外觀（下圖）

教學是契斯恰柯夫一生中最偉大的成就，而這個成就我們可以從他口中幾句對藝術的見解，窺得契氏的功力。他整理了從十八世紀以來從歐洲傳到俄國的繪畫系統，不但身體力行在自己的作品裡，並且長期地為藝術教育努

■ 內部居家客廳一景
（上左圖）
■ 大型工作室中陳列未
完成的作品（上右圖）
■ 契斯恰柯夫的書房畫
室（下左圖）
■ 畫室中挑高的窗戶
（下右圖）

力。「花三年的時間在同一批學生身上，只不過剛剛開始鞏固他們的基本能力，控制心靈與肉體的基本能力。」契式曾說：「並不是每一個人都能夠學習藝術，重點不只是天賦，而是執著。」「創作是追求生命，而教育是延續生命的方法」，契斯恰柯夫打破了「優秀藝術家不會是好老師」的魔咒。

▼ 別墅裡的博物館

博物館內部一樓是他的客廳、起居室、書房，二樓則是他的大型工作室，挑高兩層樓的工作室裡，一幅約三百號的大型油畫創作尚未完成，旁邊有畫家使用的畫架及各種用具，至今照當年的位置陳設，牆壁上展示畫家母親的大幅肖像。館中沒有浪漫花俏華麗的擺設，每件家具都是結實的原木所製，畫具與調色盤裡很清潔，也沒有堆積的顏料，觀者可一窺畫家嚴謹的生活習性與個性。

解剖學與透視學是兩門必修的科學學科，他幫助畫家完成高度藝術性的作品。

——契斯恰柯夫語錄

在這個博物館裡曾聚集他的學生列賓、謝洛夫、伏魯貝爾、涅斯切羅夫
……，舉凡俄國巡迴畫派前後幾個名聲響亮的大畫家，都曾經拜契氏為師，
在此地習藝。在契斯恰柯夫的門下，依照他的獨門方法，從點線面開始，平
行與透視觀念、幾何結構……，到複雜的人體與大型繪畫創作，循序漸進地
帶領著他率領的一行畫家學生，度過苦澀的研究歲月，通向藝術創作的大
門！中國人有一句話「母以子貴」，可以驗證在畫家身上──師以徒達。契式

受到偉大畫家學生的愛戴，一句列賓口
中「我們俄國社會上獨一無二的藝術導
師！」證明了契斯恰柯夫在繪畫歷史上
不凡的地位。

今天博物館二樓闢有其門下弟子的
專屬展覽室，展覽大師們當初習畫時的
珍貴習作，對習畫者是一個觀摩研習的
黃金寶庫。

▼ 契斯恰柯夫博物館館長依蓮娜專訪

馬小英（以下簡稱馬）：您好，依
蓮娜・包麗薩夫娜小姐，很高興造訪您

■契斯恰柯夫精彩的人物
水彩作品

的博物館。

■契斯恰柯夫博物館館長依蓮娜

館長依蓮娜（以下簡稱館長）：您好，歡迎台灣對藝術愛好的朋友，您是第一位來我們這兒的台灣記者。

馬：可不可以請您描述契斯恰柯夫，包括他的為人與作品。

館長：我從事契斯恰柯夫博物館館長任務已經有十八年的時間，這位畫家在我生命中佔有重要的地位，雖然我並不認識他本人，但是所有關於契斯恰柯夫的資料與作品，幾乎在本館內都可找到。契斯恰柯夫對我個人來說是一位迷人、充滿熱情的畫家，他的為人個性並不浪漫，但是對自己與學生繪畫上的要求，可以說是接近嚴苛的狀態，契斯恰柯夫曾說過：「我不教那些在街上的路人甲乙丙，我只教那些對藝術『已經準備好的人』。」他對於不用功的學生是不肖一顧，對於用功的學生是不留顏面的嚴厲批評，但是對我來說，對自己專業有熱情的人，就具備有迷人的特質。

馬：請問所謂的契斯恰柯夫教學系統的內涵是什麼？

館長：好問題！所謂契斯恰柯夫教學系統，是建立在良好的傳統美術學院經驗上，再加上契斯恰柯夫對於藝術的理解構成的教學系統，這套學術理論建立在古典美學的經驗上，包括所有十八世紀以前義大利與歐洲藝術傳到俄國的繪畫經驗，還有俄國古典時期大師博留露夫（К. Бдюров，巨作〈龐貝城最後一夜〉）、什布也夫（Щ）、依果羅夫（Егоров）等大師留下來的繪畫知識，可以說是統合先人，再加上自己的見解，他的教學訓練裡最重要的是基礎中的幾何、平行、透視觀念，實踐上從石膏像加上解剖學研究，到真人的擺置作業，每一部都是嚴肅地進行，這一套方法可做為每一個習畫者的入門手則。

馬：今日的「契斯恰柯夫教學系統」在美術學院教學中還保留了多少？

館長：這也是一個好問題，所謂的「契斯恰柯夫教學系統」在不同人根據自己經驗的詮釋下，多多少少已不是當初的那一回事，雖然憑著書籍與器材，但真正的契斯恰柯夫教學系統，是真正從他口中傳授出來的，

　　包括這一位老師的言行舉止，與他自己的實踐過程，這一切是活的！
而不只是書本上片面的死知識。

馬：這點我非常同意！契氏有非常多著名的天才學生齊聚門下，您認為這
　　是什麼原因？

館長：像繪畫大師列賓是在皇家美院畢業後，再回過頭來拜契氏為師，我認
　　　為是契式提供了大量的繪畫基礎養分。

馬：做為一位好的美術教師像契氏，應該具有什麼特質？

館長：當然首先要自己做得好，才能服人！年輕人看到老師的作品夠動人，
　　　才會心悅誠服。第二個是有熱忱，藝術家兼教學家不僅要畫還能用語
　　　言與行動散發出熱力，把思緒整理成一個知識系統來傳授，學生才不
　　　會像瞎子摸象！

馬：博物館與今日的俄羅斯國立列賓美術學院的關係為何？

館長：我們隸屬國立列賓美術學院的管轄，是美院的四個博物館之一。

馬：請問您是如何將自己的命運與契斯恰柯夫博物館連結在一起？

館長：我的專業是藝術理論與批評，畢業於列賓美術學院，畢業後學校留我
　　　在校內的博物館工作，一段時期後，剛好契斯恰柯夫博物館面臨重新
　　　整修後的開張，在這個轉捩點，我接下了館長的工作，一晃眼就將近
　　　二十年了。

馬：您如何推展館務，讓更多人認識畫家契斯恰柯夫。

館長：喔！這並不是那麼容易，需要許多的經費來支持廣告、書籍與展覽，
　　　我們的經費屬於美院管轄，所以一切只能做得很精簡。

馬：為何在市面上沒有看到契氏的畫冊或是素描集。

館長：契斯恰柯夫直到現在沒有個人的單行本畫冊，所有有關的合集現在或
　　　許在古董店裡找得到，要看到契式的作品，目前只有到我們博物館或
　　　是俄羅斯博物館才可以看到！

馬：謝謝您接受訪問！

館長：也謝謝您，歡迎您再來。

　　任何時代菁英分子的產生都不是偶然的，俄羅斯巡迴畫派的高峰有許多
原因，其中最大的人文因素之一，就是有這樣一位執著知識系統傳承的老
師，一切藝術回歸到原點，正如契斯恰柯夫所言：

　　素描是一切藝術的基礎。

一個極端的繪畫天才

列賓故居

「皮那提」一字來自古羅馬民族裡的部落名稱，他們最早開始使用壁爐取暖，因此「皮那提」一字傳到法國後，延伸出「舒適的獨門別墅」的意思。

Музей – усадьба И. Е. Репина " Пенаты "

地　　址	：189640, Курони райои Репин Приморское шоссе 411
電　　話	：231-64-96；傳真：231-68-34
開放時間	：夏季10：30～18：00，冬季10：30～17：00，售票口開放至16：00。
休 館 日	：每週二
門　　票	：50盧布，憑俄國學生證免費。
交　　通	：到芬蘭灣火車站搭火車到 Репин 站下車，出火車站往對面走約十五分鐘可到。
網　　站	：www.museum.ru /M267
信　　箱	：m267@mail.museum.ru
附　　設	：博物館設有俄文、英文導覽

　　伊利亞‧列賓（1844～1930）是俄國最著名的畫家之一，創作了無數膾炙人口的寫實主義作品，例如〈伏爾加河上的縴夫〉、〈札波羅土人給土耳其蘇丹回信〉以及〈宗教行列〉……。列賓的作品在美術史上的褒貶不一，最受推崇的是他那犀利的社會觀點與神準的造形能力，最受批評的卻也是那神準到過於滑溜的技法與描繪能力。不管如何，列賓這些令人拍案的作品，不僅激勵世界上的美術青年、愛好藝術的欣賞者，更提昇俄國美術在全世界的藝術地位。列賓在繪畫創作外，也任教於皇家美術學院二十七年之久。生平唯一著作《遠與近》是一本自傳性文字，說明自己的師承、創作方法，以及重要友人的關係，例如：作家托爾斯泰、畫家馬克西莫夫、謝洛夫等人的交情，最重要的是透露畫家的人生觀點，以及他在文筆間自然流露出對色彩與造形的熱情。俄羅斯近代史給予列賓、托爾斯泰與柴可夫斯基，在美術、文學、音樂領域的定位是「俄羅斯大地上的三位天才」。

▼ 畫家生命中最後的三十年

　　一九四〇年開幕的博物館，是畫家度過人生最後三十年的別墅工作室，

從一些三〇年代的老照片，我們得知這裡的一草一木、一桌一椅幾乎保留了當年的風貌。一九九九年九月，我手持地圖一個人造訪位於聖彼得堡西北方約四十公里的博物館，下了火車徒步二十分鐘，我看到了一個彩色的木製矮門，上面寫著「Усадьба　И. Е. Репина "Пена ты"」列賓「皮那提」。「皮那提」一字來自古羅馬民族裡的部落名稱，他們最早開始使用壁爐取暖，因此「皮那提」一字傳到法國後，延伸出「舒適的獨門別墅」的意思。我輕輕推開「皮那提」的木門，漫步在別墅外圍的花園裡，踩著滿地金色落葉，踏著列賓曾留下的足跡，呼吸著同一種樹木吐出的香氣，情緒不由得激奮起來。

■列賓故居入口

▼ 博物館內部

　　博物館中陳列了將近百幅的繪畫原作，包括列賓學生時代用素描方法臨摹林布蘭特的油畫肖像、為了大型創作所收集的各種服飾與道具、前製草圖。在這裡我們可以觀察到當年畫家的工作環境與生活方式，最重要的是可以發現畫家的創作與生活步調，包括畫家用的調色盤，是有背帶與腰身弧度的特製核桃木調色盤，適合長時間作畫而不感到疲倦，畫架上放著列賓晚年

■列賓代表作之一〈穆索斯基肖像畫〉 1881年

■雪中的列賓故居

■工作室中閱讀的伊利亞·列賓（上圖）
■列賓的書房（下圖）

一九二〇年最後一幅自畫像，畫面中的列賓穿著暗紅色外套，眼神平靜卻深沉。

　博物館一樓目前陳列了列賓生前的資料照片，列賓的友人與妻子照片，還包括學生謝洛夫、伏魯貝爾等人當年在畫室中上課的情景。

　列賓在此地創作了普希金的肖像，國家委任的巨型創作〈國家議會廳〉、托爾斯泰肖像，以及無數的歌唱家、演員的肖像作品。在一九四一至四五年第二次世界大戰中，此地曾遭到無情戰火的摧毀，經過大型整修後，於一九六二年重新開館。

房中掛著列賓學生時代臨摹的作品、林布蘭特的老人肖像，還有大衛與維納斯的大型雕像與解剖石膏像，從這一點可以看出，列賓可以將俄羅斯大地上歌頌不完的各種題材，包括：歷史、神話、風俗、社會現象批判……，不費力地納入畫面，部分可歸功列賓早期對於古典美學的重視，並且吸收歐洲繪畫的精髓，最重要的是列賓對於各種事物的理解度，發現真相並且提出自己的看法。

■ 正在為著名聲樂家沙利亞賓繪製肖像的列賓（上圖）

■ 列賓故居中的餐廳（下圖）

鮮為人知的是，列賓除了繪畫以外還從事雕塑的工作，在書房不高的櫃子上放置小型雕塑品，即是列賓親自完成的翻銅作品，有〈沙皇的馬上英

姿〉，還有〈詩人塑像〉。另外一個大房間是大餐廳，是列賓經常宴請藝文界貴客的「文藝食堂」。最後還有繪製肖像專用的房間，單獨的天光房間裡，有特製的模特兒座，比視線高一些的模特兒台座，是方便作畫的工具，觀者可遙想當年俄國貴族名流、附庸風雅的貴婦，齊聚此地爭相邀圖的盛況。

二樓除了畫室以外，還有繪畫用觀景陽台（有一單人床，供列賓春夏季工作後小憩用）。此外閣樓乃是大型創作所需道具的衣物櫃，有各種給模特兒搭配的服飾和配件，包括古裝、僧袍、蒙古人的披肩與皮製酒壺……。

庭院中包括列賓的花園、玻璃三角屋頂工作室、畫家墳墓、放木材的倉庫與後院的觀景台。三角形的玻璃屋頂是每個繪畫者夢寐以求的大天窗型工作室，而草木林蔭的花園裡有列賓的墓園供來訪者憑弔，花園後面有木製觀景台可供喜歡攀高的遊客登高一覽。

一般大眾對畫家風流韻事的關切，總是不雅於他們對作品的熱中程度。列賓的韻事不曾間斷，第一任妻子是賢淑柔弱的維拉，在婚後數年即宣告仳離，第二任妻子是個性強悍的作家娜塔莎（列賓逝世後任本博物館館長），陪伴他到人生盡頭，期間不乏與著名演員與女作家的風流緋聞，這些多情的韻事，列賓一生從未提過一字半句，卻由第二任妻子娜塔莎寫在自己的回憶錄當中。

▼ 誰是列賓？

友人問我：「為什麼從小到大的美術課本中，從來沒聽過列賓這號人物？」我們所讀到的藝術史上省略了列賓，省略了巡迴畫派，甚至省略整個俄羅斯美術史！這裡突出一個現象就是，歷史由誰而寫，寫給誰看，決定了歷史的內容與意義，美術史由歐洲人寫，主角自然是歐洲人，描寫歐洲藝術舞台發生的種種，西歐人不寫東歐人，法國人不寫美國人，是人類私心很自然的現象，而我們腦海中，要信哪一版的歷史，誰的定位最高，決定於每個人腦中的那把尺，這把尺決定於你的背景、知識與審美趣味。

■ 模特兒的化妝台（左圖）
■ 列賓的畫室與其特製調色盤（右圖）

光線情境油畫大師
庫因茲故居博物館

是什麼原因使一個沒有受過學院訓練的年輕人，練就一身古典藝術的嗅覺，又能走具有自己風格的道路？隱藏在畫面草堆與寧靜的湖面背後，畫家又想說些什麼？

Государственный Музей квартира Архипа Ивановича Куинджи

地　　　址：1990034, Биржевойпер ,1/10, кв 頂樓（入口在拱門內）
電　　　話：（812）213-31-33、213-45-88
開放時間：週三到週六12：00～16：00
休　館　日：週日、一、二
門　　　票：50盧布
交　　　通：公車7、47；有軌電車1、7、10；地鐵 Василеостровсая、Спортивная 站。

▼ 風景畫家的臉

　　細數美術史上成功的風景畫家，數三天三夜也說不完，有擅長畫銀灰色調的柯洛、喜歡捕捉日出日落的莫內、專畫森林的希斯金、抒情灑脫的列維坦，而庫因茲是在什麼情況下嶄露頭角？是什麼原因使一個沒有受過學院訓練的年輕人，練就一身古典藝術的嗅覺，又能走具有自己風格的道路？隱藏在畫面草堆與寧靜的湖面背後，畫家又想說些什麼？

▼ 一生傳奇色彩──庫因茲的出身

　　畫家庫因茲（1841～1910）關於他自述的生平記載非常稀少，大部分的相關資料為庫因茲的同輩畫友所留下。庫因茲擅長捕捉奇妙光線的大自然景色，以寫實的方法出發，卻帶著一股濃厚的浪漫主義色彩。關於其生平一如其作品散發引人深究的神祕氣息，富傳奇色彩。庫因茲於一八四一年出生於貧窮鞋匠之家，父親來自希臘，母親是俄國人，幼年即開始喜愛繪畫，並且跟著修相片老師傅做學徒，十六歲時「進京趕考」皇家美術學院，卻名落孫山，之後在畫家艾凡索夫斯基（海景畫家）的私人工作室習畫，深受大師對於古典技法以及希臘羅馬藝術的嚮往與喜愛的影響。

■故居內的客廳

▼ 只有一張畫的畫展

　　一八五九年當十八歲的少年
畫家庫因茲腦子裡正充滿藝術家
的大夢，獨自漫步在聖彼得堡，
口袋卻空無銀兩，心理與肉體飢
餓的狀態一直伴隨著他度過苦澀的少年時期，由於考試失利，年輕的畫家展
開長期的自修工作，他常在教室的門口當旁聽生，用最謙卑的態度來學習藝
術。一八七二年庫因茲以一幅〈秋天的泥路〉，藉著秋天落葉，表達沉重哀
傷的氣息，開始受到畫壇的矚目，一八七四年的油畫作品〈被遺忘的鄉間〉
與〈烏克蘭之夜〉，畫家逐漸從簡單的構圖中找到獨特的個人風格。

　　一八七五年畫家三十四歲那一年，庫因茲認為時機已經成熟，他大膽地
作了嘗試，推出「只有一張作品」的個展，由一幅風景畫〈聶伯河的月夜〉
來獨挑大樑，不料參觀的民眾絡繹不絕，博物館的導覽者說：「當年為了一
睹唯一的一張畫，等候的隊伍甚至穿過一整條大街！」這次的展覽獲得前所

■像籃球場般挑高的
夢幻畫室

未有的成功，作品由獨具慧眼的契斯恰柯夫收購了他的作品。往後畫家一生的個展三次，除了最後一次展覽，前兩次都只展了一張畫。「一張畫的畫展」代表畫家對自己的信心，也表明了他對當時藝壇輕蔑的態度。在畫家六十年的壽命裡，創作了無數經典風景畫，畫幅精巧卻有簡潔精練的藝術語言，給觀者留下深刻的印象。

▼ 公寓變成博物館

庫因茲博物館位於瓦溪里島涅瓦河畔，是畫家度過一生最後十三年的地方。客廳掛著一幅精采的油畫，是畫家克拉姆斯克伊為庫因茲所作的肖像，還有一些簡單的陳設。

沿梯階而上，出現令人豁然開朗的挑高工作室！充足的採光與挑高的樓層，甚至可以在畫室裡打籃球，都不顯得侷促！畫室裡陳列著畫家的夥伴：畫架、調色盤與單人小床。牆壁上掛著庫因茲當年在美院教書時所作的油畫風景，此外還有作品〈烏克蘭的傍晚〉，一抹美妙的夕陽，在鄉間的白色小屋上，或是〈白樺樹林〉，一抹晨間的曙光，落在白樺樹林裡，在庫因茲的筆下顯得格外可愛誘人。

▼ 印象派方法・浪漫派精神

庫因茲的風景作品無論是雪景或是黃昏，都可見獨樹一格的構圖──深邃的空間感，與不尋常的光影變化。庫因茲曾說過：「大部分印象派畫家表現的是空洞的美，當大家要說的話都相同時，就令人感到無趣，最原始感受總是最驚人的！」

雖然常被歸類為印象派畫家之一，但是庫因茲不認為自己是印象派家族的成員，庫因茲解釋「外光寫生」是印象派畫家被貼上膚淺的繪畫方法，而真正使畫家走到戶外畫畫的最原始意義，是要找回「面對自然原始的感動，這也就是莫內不朽的原因」。而庫因茲讓自己不朽的方法就是從自然界中，找到「超乎尋常的自然」，從自然界的一抹光線中，準確地找到一種對照心

靈世界的語言。

　　值得一提的是，十八歲的庫因茲曾經考試失利被拒美術學院門外，而中年以後名氣漸響後，卻反過來被學院派拉攏請他授課。在短短三年的教學生涯裡，庫因茲的門下出了幾位日後的著名畫家，例如列理何（Репих）、巴格葉（Богаевского）……，但是藝術家野馬般的性格終究掙脫了疆繩，庫因茲晚年因為參與學生運動而被逐出校門，免除職位。晚節不保的命運並不影響大眾對庫因茲作品的熱愛，他的作品在畫家生前廣泛受到眾人的喜愛，並且迅速累積了畫家自己的財富，庫因茲死前，曾捐款幫助年輕畫家，甚至成立了以自己為命名的畫家協會，捐獻十五萬盧布與二百二十五俄畝（約250公頃）的黑海地區田地，給皇家美院做為夏天的寫生基地。

　　在一連串的壯舉後，庫因茲傳奇式地即告西歸，他臨終的時候，表明一生已無遺憾，他完成了做為一位畫家在人世間所有的夢想！

▼ 人死氣長存

　　俄羅斯政府對保留藝術文化資產的決心與苦心，可從市區街道上三步五時的偉人故居博物館中看出。這些保留完整的故居博物館，使藝術家輕巧的氣息與腳步，不隨他的靈魂消失，始終活在每一位來訪者的心裡，而庫因茲的靈魂也始終蕩漾在瓦溪里島的河畔。

■畫家的調色盤

■庫因茲的作品〈烏克蘭之夜〉1878年

博茲科夫博物館

■博茲科夫博物館

博茲科夫一生最後的十五年歲月，在這個位於市中心的公寓中度過，博物館中收藏了近兩百幅博茲科夫的油畫、素描原作、當時的文件以及私人物品。

Музей – квартира И. И. Бродского

地點：191011, Санкт-Петербург, пл. Искусств, д3
電話：（812）314-36-58
開放時間：週三至週日11：00～18：00
休館日：每週一、二
門票：本國人10盧布、外國人60盧布、外國學生30盧布
　　　憑本國藝術學院學生證免費
　　　攝影許可證50盧布
交通：地鐵 Гостиныйдвор、Невский проспект站；公車3、7、22、27；電車
　　　1、5、7、10、22，下車往藝術廣場走左手邊即可見
網站：www.museum.ru/M167
信箱：m167@mail.museum.ru
館慶：一月二十八日

　　位於市中心普希金的藝術廣場前，是畫家博茲科夫的故居博物館，是什麼樣的畫家，能在蘇聯時期聖彼得堡的首善之區擁有自己的獨棟公寓作為畫室？而蘇聯時代的當權派畫家生活又是什麼樣貌？

▼ 擠進政治權力中心的畫家

　　薩克‧依李維奇‧博茲科夫生於一八八四年，死於一九三九年，卑微的小販商家庭出身，畢業於奧德賽美術中學，聖彼得堡國立藝術學院。畫家五十五年的生命正好與蘇聯革命最動盪的大時代腳步吻合。博茲科夫的畫風，屬於秀氣纖緻的抒情描繪，他早期求學時代的作品，例如一九一一年作品〈故事〉、〈落葉〉，充滿象徵主義的異國情調，三十歲後風格轉變並且逐漸定型，但是不論風景或是人物畫，造形上總流露出謙遜溫和的個性，即使一代梟雄的肖像，一九二五年作品〈列寧在斯模尼大街〉也不露張牙舞爪的氣焰，而是一派學者氣質。抒情特質在博茲科夫的風景畫中，常出現纖細的森林樹影與深遠的空間，色彩上的表現也呈現灰濛細緻的調子，與許多標榜寫

■一樓大廳全景（右頁上圖）

■牆上的大型油畫張張精彩無比（右頁下圖）

生式的直接畫法畫家不同，博茲科夫作品中顏色並不飽和，而由許多細小的色調夾雜而成。

　　蘇聯時期的畫家，背負著政治環境上恐怖極權統治的陰影，俄羅斯境內的藝術家，無不戰戰兢兢，深怕萬一有閃失就看不到明天，因此這時候畫壇有兩種類型的作品，一種是政治宣傳畫，另一種就是沒有強烈立場的風景題材，不認同革命，對畫風景畫又沒有興趣的人，就走第三條路，也就是流亡國外。

　　博茲科夫在這樣的環境下，一方面勤奮的創作，另一方面積極地與中央靠攏，在適當的時機跳上政治宣傳列車，被中央收編，在一九三四年得到「國家列寧獎章」，並且坐上領導「全俄羅斯藝術學院主席」的寶座。

　　做為一位畫家，你不能說博茲科夫當時的做法是取巧獻媚的，二十世紀上半葉，任誰都無法逃脫被大時代席捲的命運，差別的是，有人向當權者妥協幸得擠入權利中心，而不妥協的人則到外地開闢新的繪畫形式，這兩種人基本上都是可敬的，他們的奮鬥史讓美術界呈現不同的風貌，沒有因戰亂侵蝕而留下空白的一頁。

▼ 畫家一生最後的十五年（1924～1939）

　　博茲科夫一生最後的十五年歲月，在這個位於市中心的公寓中度過，博物館中收藏了近兩百幅博茲科夫的油畫、素描原作、當時的文件以及私人物品。一樓是畫家宛如宮殿的大型畫室，寬廣的中庭，放置了畫家的調色盤與畫架，二樓則掛滿了畫家晚年成熟期的作品。

　　博物館的收藏雖然完整呈現博茲科夫的一生，但其精采度全比不上一樓客廳裡掛滿牆壁的五百餘幅十九、二十世紀初期油畫巨匠的寫生作品，包括涅斯切羅夫（M. B. Нестеров）、阿爾西玻夫（А. Е. Архипов）、謝洛夫（В. А. Серов）、馬利雅溫（Ф. А. Малявина）與列維坦（И. И. Левитана）等人精采而令人拍案的畫作。

■博茲科夫1942年代表作品〈列寧在斯模尼大街〉

聖彼得堡

近郊

聖彼得堡沙皇宮殿
北方不可思議的人間仙境
南方古文化的魅力

斯特拉宮殿

斯特拉宮殿外型小巧典雅，包括上下兩個噴泉與一個大型水果花園，當年種植了葡萄、水梨、蘋果……各種型色小巧豔麗的水果，植物方面還包括：庭齊栗、薄荷、蜜蜂花、羅肋……。

Дворец Петреа I в Стрельна

地　　點：198515, Стрельна, больничная горка, 2

電　　話：421-41-31

開放時間：夏季10：30～17：00，冬季每週六、日10：30～17：00

休 館 日：週一與每月最後一個週二

交　　通：Балтийский вокзал 火車站，轉公車6號至 Стрельна；地鐵 Автово 站下，轉小巴士至 Стрельна

▼ 清幽的別館

　　斯特拉河是源於芬蘭灣南岸的一條支流，曾是古俄國諾夫哥羅德公國的領土，也是十七世紀瑞俄戰爭之地，河岸之地曾經割讓給瑞典。直到一七一六年在沙皇命令下，原本預備興建世界八大奇景之一的夏宮，由於測量家發現地勢過低，不適合做為高層噴泉建地，因此將計畫改為小型別館建地。斯

■ 斯特拉宮殿的外觀

特拉宮殿（名稱源於東邊的斯特拉河），是彼得大帝一世送給大公康士坦丁維奇（1779～1831）的禮物。宮殿於第二次世界大戰中損毀殆盡，經過大規模重建後，於一九九九年六月開放給民眾參觀。

　　斯特拉宮殿外型小巧典雅，包括上下兩個噴泉與一個大型水果花園，當年種植了葡萄、水梨、蘋果……各種型色小巧豔麗的水果，植物方面還包括：庭齊栗、薄荷、蜜蜂花、羅肋……。值得一提的是，斯特拉宮殿是

■斯特拉宮殿居高臨下，有階梯可拾級而上

全俄國第一個栽培馬鈴薯的地方，這個歷史提醒世
人，不該將食用馬鈴薯，視為「俄國本土文化」，
因為這個根莖類植物，還依品種、甜度與色澤分為
彼得羅夫型、涅夫斯基型、聖彼得堡型，是直到十
七世紀才被彼得大帝從歐洲引進的。

　　花園還包括兩個小型噴泉，圍繞在花園上下兩
邊，在荒涼的草地上流露脫俗的氣質。

▼ 旅行──沙皇百寶箱

　　斯特拉宮殿的規模不大，是木造的兩層樓建
築。宮殿的收藏包括沙皇生活鮮為人知的一面。眾
所皆知的，彼得大帝熱愛旅行，無論是狩獵、尋
訪、長期或短期旅行，他的足跡從俄國、巴黎到翡
冷翠，一路上無論是水路或馬車，都必須隨行大批
護衛與行李。令人好奇的是，俄國沙皇到底用什麼
方式旅行？

　　這個問題在斯特拉宮殿有解答。

　　一樓的某個房間裡，陳列了一個神奇的百寶箱
（行李箱），是沙皇短期旅遊必備的行頭，這個分成
上中下層的大鐵箱，有令人意想不到、非常周全的
功能：鐵箱下層裝著盥洗用鏡子與臉盆、刮鬍杯，

■斯特拉宮殿的水果花園

三個抽屜分別裝著藥箱、碗盤和毛巾，還有分別出熱水與冷水的水龍頭。鐵箱中層拉開來是附有彈簧床墊的單人床，用兩隻木腳支撐的拉長床位，床邊一角拉開則變成可放蠟燭的床前燈，床的下方是擺放餐具的抽屜，內有銀製餐具與四個玻璃器皿，分別裝著醋、油、白蘭地、伏特加，還有另一個是放手巾的抽屜。鐵箱的最上層是一個展開式的書桌，讓皇帝可以在任何時候批改公文或寫信。這個滿足一日生活所有需要的百寶箱純由手工製造，可見當時御用物設計精密，沙皇高生活水準已非一般人想見。

▼ 沙皇的牌桌

史上記載彼得大帝不愛玩牌，卻從未禁止賭博活動，十七、八世紀各大街小巷流行起來的各種賭具，可以從斯特拉宮殿中的「遊戲房間」一窺究竟。

所謂的遊戲，意指撲克牌、棋盤還有「俄式麻將」，包括骰子、轉盤、籌碼，在牌桌的左邊有一個精緻的木盒，傳說當年放滿了鑽石，是用金子換籌碼的地方。當牌局結束，王公貴族計算最後每張牌的輸贏，由大小不一的鑽石來計算盈虧。杜斯妥也夫斯基的小說《賭徒》就是描寫俄國社會中這種發揮人類陰謀算計、表面君子暗中較勁的遊戲。

臥室是深草綠色系，牆上的壁紙與床的布簾是淺黃綠色，形成安定平靜的視覺效果，配上金色、紅色的拼花棉被，則造成跳動愉快的感覺。床旁邊是藍寶石與大理石拼花而成的花卉百鳥圖，頗具東方風味！

沙皇村

葉卡契琳娜宮殿

宮殿內的四季皆美得令人驚豔，加上一抹陽光，白雪中白藍交織的宮殿與閃耀金光的宮殿屋頂，如同十九歲出身貴族的少女，全身帶著一股王者脫俗的氣質！

Государственный музей-заповедник "Царское Село" Цорское село — Екатерина Дварец

地址：189620, Пушкин, ул.Садовая, д.7

電話：466-66-69；傳真：465-21-96

開放時間：花園每日開放，皇宮10：00～17：00

休館日：週五、每月第一個週一

門票：外國人250盧布，憑學生證免費

交通：乘地鐵到芬蘭火車站搭火車

信箱：turism@pushkin-town.net

網站：www.pushkin-town.net/turism

■陽光下的沙皇村更加金光耀眼

▼ 沙皇為愛妻打造的真情獻禮

　　位於聖彼得堡以南約十四公里的沙皇村，曾是古俄國的諾夫哥羅德公國屬地，十七世紀曾被瑞典人佔領長達八十年，直到十八世紀俄瑞戰爭，俄國勝利而歸還土地。一七〇八至二四年，此地是彼得大帝之妻葉卡契琳娜的夏日行宮。詩人普希金曾於此地度過六年的求學生涯，因此沙皇村又稱之為普希金鎮。

▼ 花園

　　皇后葉卡契琳娜死後，宮殿歸公主依麗沙白·彼得羅夫娜所有，她不惜鉅資大規模地進行重整工作，將宮殿改建成一座佔地一百二十公

頃、氣派宏偉的庭園宮殿。這座藍、白兩色交織的宮殿花園分成「規律花園」
與「抒情花園」,「規律花園」是一七二〇年早期的建造,包括半浮雕式的

植物庭院、義大利石
雕像、小湖池塘與運
河,而另一部分「抒
情花園」則包括茂盛
的森林與異國風情的
庭院,庭院有土耳其
式三溫暖、三角形飛
巖的中國式庭院,還
有與自然合而為一的
青銅雕塑作品。

■沙皇村外觀(上圖)
■白雪中的沙皇村
（下圖）

214

▼ 宮殿

　　完成於一七一〇年的葉卡契琳娜宮殿是彼得大帝送給當年的未來皇后的禮物。宮殿不論外型或是內部裝潢皆奢華卻又溫柔別緻，在這神仙國度般的皇宮裡，葉卡契琳娜皇后與公主在此地度過一生最重要的日子，重要的皇親國戚也受皇后邀請常住於此。

■秋天的沙皇村小湖（上圖）
■白雪中的宮外森林（下圖）

■進入正殿的白色大
　廳（左圖）
■異國風建築(右圖)

▼ 比陽光還燦爛的金色光芒──琥珀廳

　　消失了六十年的琥珀廳，自從一九四一年被德軍遷移後，便剩下一片光
禿的殘骸。經過俄羅斯工匠長時間的重建，二〇〇三年後到訪沙皇村的訪
客，有幸看到原貌重現的琥珀廳。比陽光還燦爛的琥珀廳，由六噸來自波羅
的海地區最頂級的透明琥珀鑲嵌而成，堪稱世界奇景之一。當觀光客一昧地
擠到琥珀牆壁前發出嘖嘖稱奇的讚嘆時，您可以走向前去，仔細觀察那一片
片結晶與色澤不一的琥珀，竟是以冷暖色與對比和諧的規律來鑲嵌每一片琥
珀，您才會發現這些琥珀的美，是建立在師傅高明的審美趣味當中，使琥珀
的美更勝於黃金，美得華麗卻更內斂。

▼ 綠色食堂與藍色盛宴

　　提到凱薩琳宮殿內部，不能漏掉兩個以古典美學為裝潢風格的起居室，
一個講究均衡對稱美、用半浮雕裝飾的綠色食堂，另一個是最寬敞華麗的藍
色客廳。綠色食堂的牆面以粉白、粉綠、粉紅三色組成，人與植物的半浮雕
裝飾，原木地板以小型花朵做為拼飾圖形，使得房內整體形成輕巧、柔和明
亮的氣氛。而藍色大客廳位於宮殿內所有起居室中間，是最壯闊明亮的一

■以 6 噸琥珀鑲嵌的
　琥珀廳（右頁圖）

間，從天花板到地面，是大圓形弧線構成（天花板式大圓形仿浮雕的彩繪，地板是大圓形弧線的拼木組合），而牆壁是由方形的大鏡子與肖像畫組成，安放在寶藍色彩繪的絲綢布上，這一個大客廳是方與圓、金與藍色、古典華麗與近代技術的完美組合。

▼ 一年四季的美景──絕美宮殿

宮殿內的設計四季皆美得令人驚豔，加上一抹陽光，白雪中白藍交織的宮殿與閃耀金光的宮殿屋頂，如同十九歲出身貴族的少女，全身帶著一股王者脫俗的氣質！

■沙皇村內吹長笛的街頭藝人

每年約九月底十月初進入秋季的俄羅斯，常可見俄羅斯人全家到此地踏青的景象，小女孩隨地拾起滿地金黃色的大樹葉，依照編麻花的方法，編織成神奇造形的大帽子帶在頭上真是美得令人驚奇！

▼ 雙頭鷹的黃金圍欄

在宮殿外觀的正中間二樓陽台，有一個雙頭鷹的黃金標誌，是俄國皇家的象徵，也是今日俄國的國徽，老鷹的一頭是力量的象徵，另一頭是智慧的象徵！

帕福洛斯克宮殿

這裡有廣大美麗的森林公園，春季有音樂會，夏天年輕人在湖上
划船，秋天人們散步於金色世界裡，冬天小朋友則在湖上滑冰
刀，而位於遠方的宮殿則是保羅一世與瑪麗皇后的夏日行宮。

Павлоск

地　　　址：St.Petersburg Pavlock（г.Павловск, ул. Революции, д.20）

電　　　話：(812) 470-65-36，傳真：(812) 465-11-04

開放時間：10：00～17：00

休 館 日：週五及每月的第一個週一

門　　　票：大人30盧布、小孩15盧布

交　　　通：從Vitebckii火車站（Витебский вокзал）坐車到星站（約30分鐘一
　　　　　　班車），下車後轉公車370、383、493即可抵達

網　　　站：http://www.tmn.fio.ru/works/53x/304/

　　帕福洛斯克宮殿位於聖彼得堡近郊，是另一個筆者喜愛獨自散步的地
方，因為即使一個人卻一點也不寂寞單調！這裡有廣大的森林公園，春季有
音樂會，夏天年輕人在湖上划船，秋天人們散步於金色世界裡，冬天小朋友
則在湖上滑冰刀，而位於遠方的宮殿則是保羅一世與瑪麗皇后的夏日行宮。

　　帕福洛斯克，名字來自
於保羅一世，這位三十四歲
登基，三十九歲即遭暗殺，
僅統治俄羅斯政權五年
（1796～1801）的皇帝，因
為性格軟弱又好大喜功，除
了限制農奴制度的擴張，其
餘政策例如遠征印度，與朝
令夕改的膚淺「今日政
策」，均遭到後代史家無情
的嘲諷。這個被人稱為「瘋

■ 宮中寢室的每一吋
皆精緻華麗

■ 秋季的帕福洛斯克
宮殿最顯宜人風情
（右頁圖）

君」的荒謬專制沙皇，於一七七〇年尚未登基時，便開始了寢宮的興建。有趣的是，保羅一世的寢宮，一點也沒有瘋君浪蕩形骸的風格，倒是蓋得形式完美，並且有典型皇室優雅的庭園規畫。不同於沙皇村的精緻，帕福洛斯克宮殿，形式簡單卻不單調。

宮殿內半圓形的長廊，是掛滿油畫作品的皇家畫廊，收藏了十七、八世紀佛羅倫斯以及荷蘭的風景作品。由於室內光線明亮，配合弧形的長廊，走在其中可以感受到輕快浪漫的氣息。

此外豪華臥室，也是這裡最令人驚豔的房間，這裡幾乎每一吋空間與空氣都是精雕細琢，沒有一處留白，牆壁由絲質壁紙繪滿了藤蔓花朵，豪華大床前還站了兩個邱比特，整個房間散發歡愉的富貴氣氛，令到此一遊的任何人，都沾滿了貴氣回家。

■帕福洛斯克宮殿全景鳥瞰圖（跨頁圖）
■宮殿內的弧型長廊陳設十七、八世紀上流社會藝術品味（上圖）

孤島上的胡桃城堡

施里塞爾堡

一九四一至四五年第二次世界大戰，為對抗法西斯主義的德軍入侵，
俄羅斯軍隊在此地死守數百天，直到城堡幾乎全毀，所有戰士全亡的
最後一刻，堅持絕不投降的決心，為近代留下一頁最動人的抗戰史。

Крепость "Орешек"

地　　址：	Ленинградская область, г. Шлиссельбург, крепость "Орешек"
電　　話：	238-46-79
開放時間：	每年春季5月15號到10月31日（冬季修館）
交　　通：	從聖彼得堡出發
A.乘火車：	從芬蘭火車站（Финляндского вокзала）搭火車至Шлиссельбург，然後改搭小船到古堡。
B.乘地鐵：	從Улица Дыбенко 出地鐵後，轉公車75號到小鎮Шлиссельбург，然後改搭小船到古堡。
網　　站：	http://www.museum.ru/museum/gmispb/GMISPb.htm

▼ 冷峻中聳立的城堡

　　一位十九世紀末參加革命，被沙皇下令流放邊境的政治犯瓦西里‧謝緬
諾維奇‧帕柯拉左夫（Василий Семенович Панкратов），依親身經歷寫
了一本《被困施里塞爾堡的十四年歲月》。書中提到一處長年低溫、人煙罕
至的孤島，四周環海，島上盤踞雄
偉的古堡，並仍有施用酷刑的政治
監獄……。因而引發筆者對這個孤
島上的城堡產生高度的興趣。

　　別人不去的地方我最為感興
趣，聽到「孤島」＋「古堡」的組
合，便點燃了我「好奇殺死貓」的
引子，當下興起了「非去不可」的
念頭。

　　驅車來到涅瓦河上游的拉多家
湖，望著孤伶伶的岸邊，除了海鷗

■ 至施里塞爾堡必須
搭乘小船前往

與彼得大帝的銅像在旁邊，實在荒涼得空無一物。正當想驅車返家時，兩個年輕人開著一艘破爛的小汽艇，問了一聲「要去哪裡？」，我才發現原來要往城堡的船，像搭便車一樣，並且沒有確定的行班與票價，「一人二十盧布來回」，實在不貴！因此立刻跳上小船，直駛孤島。隨著震耳的汽船馬達聲混著浪花飛濺的聲音越來越小，眼前古堡形象就越來越大，如巨神一般倏然聳立在眼前。

■ 施里塞爾堡全景
■ 筆者登古堡之頂
　（左圖）
■ 紀念世界和平的
　地球儀（中圖）
■ 彼得大帝雕像矗
　立在此彷彿瞭望
　這個軍事要地
　（右圖）

▼ 全毀後的城堡與監獄

　　胡桃城堡，因位於「胡桃島」（島型頭尖、肚寬，狀似胡桃）而得此嘔稱，一三二三年由亞歷山大・涅夫斯基將軍的後裔所建造，原名為「施里塞

■乘風破浪地前往施里塞爾堡（跨頁圖）

當年羈押人犯的
牢房（上圖）
從古堡頂端可眺
望百公里以外的
動靜（下圖）

爾堡」，意思是「城市之鑰」——誰想拿下聖彼
得堡，誰就得先取得這把鑰匙。

　　此地十五世紀時，是抵抗北歐海盜入侵的要
塞，一六一二年俄羅斯人在此大勝瑞典。十八世
紀後城堡由國家收編改為大型政治監獄，囚禁反
抗者與當時稱作重刑犯的革命分子，他們被送來
胡桃島，接受酷刑後至死，留下許多血腥的傳
說。直到一九四一至四五年第二次世界大戰，為
對抗法西斯主義的德軍入侵，俄羅斯軍隊在此地
死守五百天，直到城堡幾乎全毀，所有戰士全亡
的最後一刻，堅持絕不投降的決心，為近代留下一頁最動人的抗戰史。

　　胡桃城堡，象徵著俄國長達七百年戰亂顛沛的命運，而這樣的命運，造
就俄羅斯如頑石般堅忍固執的民族性，與傳唱不息的榮譽之歌。

■ 厚牆是古堡易守難
攻的關鍵（左圖）
■ 滄桑的老砲台今日
已被帶上榮譽的光
環（右圖）
■ 紀念第二次世界大
戰勝利的紀念碑
（下圖）

▼ 易守難攻・固若金山

　　描寫中古世紀的電影常有一段戰爭場景：一大批攻城的士兵，用木梯或鐵鏈千辛萬苦地爬上城牆，卻被守城的將領輕而易舉地擊退，爬上來速度總不及掉落下去的速度快，最後攻者慘敗，守者大勝。這種易守難攻的特性，特別是在胡桃城堡展現無遺，第一是因為氣候地理的條件，第二是城堡的結構。

　　拉多家湖長年低溫，使島上的花朵每年五月春天融冰後，還來不及開放就已經凍死在八月的低溫下，更別提冬天湖上結冰，迎面而來的酷寒，使每一個準備由此拿下聖彼得堡的敵人，軍力大受嚴寒的阻撓。酷寒，是老天爺賞給俄軍的一個大禮，也是他們保持常勝的重大理由。

　　第二個必勝的原因來自城堡的結構，這裡不必贅述多餘的數據，例如城牆的厚度，當您親自登上城堡的最高塔，居高臨下的那一刻，就能發現城堡易守難攻的奧祕。

　　一九二八年島上首度開放，成為革命紀念博物館，經歷第二次世界大戰後再度被破壞，一九六六年第二度開放，重建後的城堡內仍保留大量殘破不堪的遺跡，但增加了紀念雕塑與祈求世界和平的地球儀，包括從前的政治監獄，今日都開放參觀。

人間仙境
基日島上的兒童藝術節

一九六五年在卡列理共和國的規畫下基日島已成為「國家自然、歷史、建築文化保護區」，成為俄國最早的「露天開放式博物館」。

網站：kizhi.karelia.ru/main_menu.htm

■ 基日島上的景點地圖（上圖）

■ 基日島的地理位置（下圖）

偶然的機會在舊書攤裡，看到一張基日島的照片，殘破的黑白照片中，依稀看到一座「很怪」的建築，頭頂長滿了「包」，那無數的「包」有著和諧的韻律，在背光的角度下，有著美麗的外輪廓。當時我大大地為之驚豔！久久不能忘記，之後便下了決心，不管這個地方在天涯海角，也要找到它，用自己的眼睛感受「真正的俄羅斯式的美景」。基日島上的「美」使人對美有重新的認識，島上的教堂使人對俄羅斯古老建築工藝有驚訝的發現，而島上農民保留下來純樸的民俗風味，更讓人留下深刻的印象。

　　最初只知道基日島很遠，是靠近北極的小島，但並不明確知道基日島到底在哪裡？

　　筆者第一次前往基日島是在二〇〇二年冬季，以最炙熱的心情跳上火車，從聖彼得堡經過火車九個小時的顛簸後，必須轉搭飛翼船（前往基日島唯一可靠的交通工具），當我到碼頭售票亭買船票時，大門口貼著：「對不起！冬季海水結冰不開船，請改搭每月兩次為島民送食物的小直昇機……」，在資料不足的情況下我敗興而歸。

　　第二次做了萬全的準備，又是一次九小時的車程，然後轉搭一小時的飛翼船，穿梭了無人小島與黑森林後，終於到了夢寐以求的基日島。

▼ 關於基日島

　　「基日島」位在俄芬邊境卡列理共和國（全俄共有89個行政區，包括省與共和國）的南部，澳涅金湖中央，小島

■前往基日島的交通工具飛翼船（左頁圖）
■左起：基督聖容大教堂、鐘塔、聖母岍幪大教堂（跨頁圖）

面積五點五平方公里，人口六百人，雖然島小人稀，但是其文化價值卻像海中的一顆珍珠。

　　「基日」（Кижи）的俄文原意是遊戲的場所，也就是古俄國人耕種農暇時唱歌跳舞的地方。另一個照當地原住民卡列理人的土話，「基日」解釋為沼澤地，綜合這兩個解釋，基日島可解釋為「歌舞的草原」。一九六五年在卡列理共和國的規畫下基日島已成為「國家自然、歷史、建築文化保護區」，成為俄國最早的「露天開放式博物館」。

　　島上最著名的二十二個蔥頭的基督聖容大教堂，建造於一七一四年，關於它的溢美之詞早已多如天星：「真正的民族藝術精品」、「空前絕後的創造」……，九○年代全歐洲博物館票選為「最驚人的木造教堂」第一名。縱然現代建築師已經破解當初建造這棟教堂的卡榫結構祕密，卻因技巧精密無法憑手工複製出第二個一模一樣的基督聖容大教堂，可見當初建築師絕頂的智慧與手藝。

　　右邊的聖母帡幪大教堂，建造於一七一四年，體積與高度都比基督聖容大教堂小一號，做為冬季教堂使用（為了節省冬季熱能，俄國常見兩個一組的教堂，大的用於夏天，小的則冬天使用）。九個洋蔥頂的聖母帡幪大教堂與左邊基督聖容大教堂在外型上，正好扮演一大一小、一胖一瘦的對比關係，加上中間的鐘塔，使教堂區整體看來有點、線、面幾何的動人規律。

▼ 鬼斧神工的二十二個洋蔥頂

　　在澳涅金湖上，從南至北往基日島的方向望去，無論從哪一個角度，都可以看到龐然巨大的教堂群：二十二個洋蔥頭頂的基督聖容大教堂與九蔥頭屋頂的聖母帡幪大教堂，這兩棟教堂的屋頂，是由一片片切成鋸齒狀的橡木，緊密地浮貼在洋蔥頭內部的木造結構體上，由於造形圓中帶方，使得浮貼的木片在陽光下閃出銀色的光芒。

　　很多人問：俄國教堂這種洋蔥頭彎彎的造形很像回教的教堂屋頂？是不是因為當初拜占庭的文化與中亞的回教文化融合的結果？這是一個有趣的問題！

■聖母帡幪大教堂內部
聖像畫崇拜大廳

根據俄羅斯藝術史與基督教學者的研究，洋蔥頭造形的來源，有幾個不同版本的解釋。第一個：火焰，門徒對耶穌的信仰，如同那燭光的火焰照亮黑暗，門徒的祈禱也隨著光傳到上帝天國；第二：水滴，基督信仰如同「生命活水」，飲了活水生命，生理和心理不會枯竭；第三：拜占庭文化的影響，當十世紀基督教從東羅馬帝國首都拜占庭傳入俄羅斯時，將馬賽克式繁複華麗的藝術品味帶入俄國，這種木榫組合，圓中帶方的教堂屋頂結構，就是由拜占庭傳入的一種「美」的形式。

▼ 五個一組的洋蔥頭──揭開數字的祕密

「數字」在東西方都有吉兇禍福的隱藏涵義，可藉這把鑰匙開啟當地文化的大門，例如中國哲學裡雙數多屬吉祥，例如雙雙對對，雙喜臨門……。而斯拉夫人的數字觀正好與我們相反，他們視雙數為兇，奇數為吉，這種以宗教邏輯出發「三位一體」為貴的思考模式，也表現在教堂的建築上。

最好的例子就是基日島上「基督聖容大教堂」屋頂的祕密。這個教堂屋頂的洋蔥頭以「五」為一組排列，共有「四」邊，加上太陽昇落的東西兩方各加一個，總共二十二個。為什麼非得五個？多一少一難道不行？

根據聖經的記載，撰寫福音書的聖徒共有四位，分別為路加、馬太、馬可、約翰，他們寫的四個篇章結合後變成一部完整的福音書，所以這四個門徒，每位化成一個洋蔥頭，站在耶穌（中間最大的那顆蔥頭象徵耶穌）四周，無論哪一個角度看基督聖容大教堂都是五格一組，象徵四位門徒亦步亦趨、忠心地跟隨著耶穌的腳步，傳揚耶穌的福音，教堂的結構反映了建造者的巧思與宗教宇宙觀。以奇數為吉的俄國文化，延伸出來的行為模式還有：探病送花不得送兩朵（可送一朵或三朵）；親吻要連親三下，否則不夠熱情……。諸如此類的風俗東方人看來就是「反我道而行」的文化，最明顯的就表現在俄文字母上，像是字母「Ю」、「Ф」……，俄國人寫來理所當然，東方人眼裡卻感覺是顛倒的字母，其實只要理解了中俄文化上的基本差異，就感覺見怪不怪。

▼ 別墅大農莊

基日島上，除了教堂外，最重要的是從俄羅斯北方各地遷移到此的十五

■ 基日島上十六至十八
　世紀大農舍

個不同典型的大農舍，這些十六至十八世紀有百年歷史的農舍，今天已全部列入「基日開放博物館」範圍區。

　　十五個農舍有著不同的外型與功能，看似浪漫別墅的大農舍，是為了抵抗寒冬與提供勞動生活中多種的需要。房間結構上，大部分有三層樓，最特別的是一樓屋內。首先一定要有口水井，以免冬天冰天雪地無法取水；其次是須有耕具與雪橇室，類似今日「車庫」的意思；第三要有酸奶發酵室，放置各種鍋碗器具，以製作幫助胃腸消化的優格與酸奶醬。至於二樓除了起居室，比較特別且佔地最大的就是「炕」，負責提供炊飯與烤麵包的熱能，與冬天晚上睡覺的暖氣。三樓則是儲藏冬季餵養牛馬的乾草堆。屋內沒有浴室，洗澡須在屋外的一間木造澡堂，關於俄式鄉村的三溫暖文化，可以另寫一本，大書特書，但是簡單地說，就是將水淋在烤紅的石頭上，用蒸氣來烤

■ 即使是富家別墅中依
　然可遙想當年胼手胝
　足的生活方式（左圖）
■ 俄式手工棉被（右圖）

全身，再用白樺樹枝拍打全身，洗後的感覺，只有四字，就是通體舒暢。除
了屋外的三溫暖以外，農舍內沒有任何提供享受的陳設，可以想見百年前俄
國鄉村的生活，除了勞動外，還是勞動，生活艱難可以想見。

　　除了房屋功能上的特殊之外，屋外的造形與裝飾也可見俄羅斯民俗的品
味，無論在大門、窗子、屋簷與欄杆上，都可見屋主精心設計的圖案，即使
是農夫拿鋤頭的手，同時也是拿雕塑刀創作的手。

▼ 沒有污染的純淨世界——一年一度的兒童藝術節

　　每年的六月十二日是基日島上一年一度的兒童藝術節，獲准報名參加藝
術節的數百位家長與小朋友，這一天可以搭乘基日島博物館提供的免費來回
船票，並且免費享受島上長達五個小時自然與藝術的饗宴。

在經費與資源有限的條件下，兒童藝術節仍然年年讓人耳目一新，沒有花俏的文宣，沒有音響的喧囂，所有的主角與觀眾就是小朋友。在家長與老師、博物館、劇場、小學共同的帶領與努力下，一片紙變成一件美麗的衣裳，一首詩化成一齣動人的小劇，在大人小孩齊心努力下，短短的五個小時中，所有參與者皆能感受到大自然，並且學習愛與付出。

二〇〇三年兒童藝術節的主題搭上聖彼得堡三百週年的列車，以沙皇彼得大帝一世三百年前振興俄國雄風為出發點，五個動態節目分別是：一、三百年前的彼得大帝叔叔說故事；二、戲劇表演：夏日皇宮的那一晚（普希金小說改編）；三、俄文詩歌朗誦比賽；四、歌舞劇：姑娘與海神；五、大家一起動手畫。這五個節目分別在島上五個不同的景點舉行，依照節目的安排順序，欣賞完節目的小朋友與家長已經步行繞島一圈，對基日島的景色會更加了解。以下介紹兒童藝術節的幾個特色：

▼ 音樂──全部唱現場

音樂往往是節慶中控制氣氛的關鍵，這次兒童藝術節中使氣氛活絡又有朝氣的最大功臣就是兒童的「LIVE」演唱民謠的實力。在沒有麥克風、擴音器與露天場合的狀態下，他們邊演邊舞、發自本能肺活量地唱出一首首動人的歌曲，在一只風琴的伴奏下多聲部的演唱，完全不走音，並且響徹雲霄。俄羅斯的民謠以獨特的調式與和弦形成了獨特風格，第三個歌舞劇的表演就是在歌曲由嚴肅轉詼諧，速度由緩慢漸漸加快的形式之下，讓會場氣氛最後就像脫韁的野馬，使來賓與表演者的情緒沸騰達到頂點。

■ 澡堂（上圖）
■ 兒童節策劃人與表演者合影（中圖）
■ 基日島博物館區的總館長與兒童節的策劃人於開幕典禮上致詞（下圖）

■除了手風琴伴奏之
 外，還有全部人聲
 伴奏的配樂，煞是
 悦耳動聽（上圖）
■基日島上的兒童節
 是好一幅天上人間
 的歌舞秀（下圖）

▼ 服裝──用腦子不用銀子

　　「砸錢」常常是台灣人快速解決問題的方法，但對於經費永遠短缺的俄國人，「窮則變，變則通」，總有辦法將外表維持最有創意又最美麗的狀

■每位少女身上的戲服
 皆是他們親手裁製的
 作品（右頁上左圖）
■美妙的俄羅斯少女在
 盛裝下顯得更為出色
 （右頁上右圖）
■少男少女自然奔放的
 舞姿在大教堂前美不
 勝收（右頁下圖）

態，因為俄國人「不是用銀子，而是用腦子」。兒童藝術節中最精采的表演節目「夏日皇宮的那一晚」，其華麗的宮廷式服裝完全是由「書面紙」來打造，這些色系統一的書面紙，在折、剪、捲纏、綁，到釘書針幾道簡單的手續下，所費不多，卻造成「既樸素、又華麗」矛盾又驚人的舞台效果。當表演進行微風吹過，小朋友身上的華麗衣裳，發出沙沙的聲響，這才提醒觀者「此景真實不是夢！」

此外串場的角色例如宮廷小丑、阿拉伯王子等，其服裝是由卡列理共和國國家劇場提供，在不多浪費一分錢的前提下，各相關單位沒有私心地提供協助，使整體節目視覺效果更豐富。

▼ 舞蹈──大圓圈連接男女老少

俄羅斯民俗舞蹈，有著開朗豪邁的特色，兒童藝術節中最精采的兩段歌舞秀莫過於「雙人舞」與「接龍轉圈舞」。這兩段舞，

舞步極端地簡單，幾乎都在轉圈，或快或慢，或牽著另一位少女，或牽著個頭更小的孩子，這些少女身上彩色連身大圓裙，隨風展開真是美極了！

■ 跳著傳統俄羅斯舞蹈的少女（左圖）

■ 市區的劇場也提供造形別緻的小丑戲服為節日增添不少歡樂氣氛（右圖）

▼ 教育性──寓教於樂

二〇〇三年的藝術節籌辦協會定的主題是：紀念彼得大帝三百週年，嚴肅的民族與歷史課題卻用生動活潑的戲劇方法來呈現，使兒童藝術節的內涵，除了娛樂外，更多了教育的性質。擔任彼得大帝一角的演員，是資深的劇場小生，他充分掌握這位沙皇積極外向的性情，在表演中既扮黑臉嚴格監督大臣，亦扮白臉帶領著表演的隊伍前進，積極進取的精神貫穿了整個藝術節的氣氛，使當天成為寓教於樂的兒童節日。

▼ 基日島歷史博物館館長雅薇拉諾娃專訪

第一次採訪基日島歷史博物館館長雅薇拉諾娃女士，是在市區環境優雅的館長辦公室內。正在處理與冬宮展品交流的雅薇拉諾娃顯得相當嚴肅而謹慎，我們的話題圍繞在博物館未來的計畫與島上的環保上。由於這次別開生面的兒童藝術節，有機會在館長百忙中再次安排第二次相聚，在陽光、草地與兒童的包圍中，雅薇拉諾娃館長露出難得的笑容，一襲牛仔便裝，與兒童節總策畫人依連娜一同出現在農舍後院的樹蔭下。

館長：怎麼樣？我們的男孩女孩們表現得很棒吧（以俄國人一貫很自豪的語
　　　氣開口問到）？

記者：的確！經歷這五個鐘頭的兒童藝術節，真是一輩子難忘的經驗，請問
　　　當初設計這樣的兒童藝術節的淵源與構想。

館長：今年（2003）的兒童藝術節已經是第十屆了，第一屆舉辦是在一九九
　　　四年，當時是蘇聯解體後的第二年，國家經濟與每個家庭的經濟都面
　　　臨了最痛苦與艱難的考驗，有很多破碎的家庭，社會的犯罪與失業問
　　　題連帶產生，社會情況已經壞到極點，那時任何父母心裡都有一個問
　　　號──我們沒有錢！能給下一代的究竟是什麼？我們的想法是讓兒童
　　　開心地過一天，哪怕只有一天，這一天的力量卻是很大的。

記者：為了「兒童藝術節」，這一天小朋友與所有策畫人做了什麼樣的努
　　　力？

館長：首先是資源的整合。卡列理共和國早在半年前就挑選了最有經驗的劇
　　　場演員、音樂與藝術老師，結合博物館的硬體資源動手策畫主題與節
　　　目，所有的中小學生都參與排練，最後每班挑選最優秀的同學參加兒
　　　童藝術節的演出。從開始到
　　　結束，使兒童們不僅學習有
　　　形的表演也體會到榮譽與
　　　愛。

記者：各國舉辦的所謂藝術節活
　　　動，通常是為了招攬下一步
　　　的生意，基日島上的兒童節
　　　有這樣盛大規模的藝術節卻
　　　沒有摻雜商業活動，幾乎沒
　　　有記者也不見傳單，是一種
　　　很令人匪夷所思又「神奇」
　　　的經營方式！？

館長：辦兒童藝術節的目的不是賺
　　　錢，以後也不是！我們強調
　　　這一天該享受的人是我們的
　　　下一代，不是圖利新聞報紙
　　　或是觀光業者。

■ 基日島博物館區的總
　館長

■往基日島河邊的大型
　漁夫雕塑

記者：外來旅客長途千辛萬苦來到這裡，而島上卻沒有半間提供「基本人道
　　　條件」的旅館，必須當天來回的行程造成旅客相當疲憊，關於這一點
　　　將有怎樣的應變措施？

館長：基日島上唯一對外提供外來人過夜的對象，是參加暑期進修課程的中
　　　小學師生，地點是當地舊農舍改建的教室。如果我們在島上興建大型
　　　飯店，就必須犧牲島上的原始景觀並且拿島上的自然生態作賭注。基
　　　日島的美景一向是卡列理共和國甚至是全俄國的精神象徵，我與副館
　　　長的共識是：我們提供俄羅斯最美的自然與文化，我們不提供五星級
　　　飯店！我們的兒童因為愛而成長，因為物質享受而沉淪，反過來說，
　　　必須當日搭船返回市區的旅客，因為停留時間短暫，所以會更加珍惜
　　　所看到的一切，來過的人下回還會再來！

記者：這種反向操作的思考模式，很令人玩味！

館長：基日島聞名全俄，之前也有日本電影公司申請到島上拍電影，是我們
　　　第一次與亞洲正式接觸，對台灣，坦白說我們並不熟悉，希望藉由您
　　　的報導，能拉近兩國的距離。

記者：謝謝您今天接受採訪！我一定會把基日島上的美，帶回去給台灣的讀
　　　者的。

242

採訪後，雅薇拉諾娃館長「雄壯」的身型和那句：「基日島提供俄羅斯最美的自然與文化，但不提供五星級飯店！」像魂一樣老出現在我腦中。雖說誰不知道「有所得，有所不得」的道理，但在這樣的社會裡，堅持反向操作，為了自然環保與心靈環保而犧牲經濟利益的文化官員，恐怕是不多見。

■ 在河邊沉思的旅客們（上圖）
■ 夕陽裡的教堂（下圖）

俄羅斯的窮，是世界出名！俄羅斯文化之豐富，也是世界出名的。常聽音樂系的朋友說聖彼得堡室內樂隊的小提琴家，用的琴都是破舊生霉的，但那把琴彈奏出的音樂，卻可使人感動落淚！在俄國，因為缺少物質，所以重視本質；在台灣，大家都懂的道理，卻常被似是而非的歪理所混淆焦點。生活應該簡單，教育應該有愛，在此提供一個反向思考的空間。

諾夫歌羅德

聖索非亞大教堂是諾夫歌羅德規模最大的教堂，四面牆壁都保留
了當時不同主題的壁畫，南方一般繪製了聖徒及受洗的過程，
而東西方則繪有耶穌誕生和以最後審判為主題的壁畫。

Новгород

地　　點：諾夫歌羅德城堡距離聖彼得堡東南方180公里，距離莫斯科北方550公里。

電　　話：(81622) 737-70

開放時間：8：00～20：00，聖索非亞大教堂彌撒時間：10：00～18：00

交　　通：從聖彼得堡「莫斯科火車站」坐89號火車，下午5：30出發，晚上8：40分到達，或從莫斯科的「列寧格勒火車站」出發坐6685號火車，晚上9：00出發隔天清晨5：40分抵達。

▼ 用心玩不見得要受罪

　　當有人問到：「真的很想去俄羅斯看看，但我可不想受罪阿！哪裡可以玩得舒適，享受不被商業污染的斯拉夫樸素原味？」我會回答：「非諾夫歌羅德莫屬！」此地每年舉行原汁原味的民俗活動，而這裡的高級飯店，可以把您照顧得服服貼貼。而這樣的條件，並不是到處都提供的。

▼ 古城、商城、中世紀文化中心──諾夫歌羅德大公國

　　諾夫歌羅德，距聖彼得堡南方約三百公里（開車兩個半小時車程），位於兩大城與湖泊之間（兩城指莫斯科與聖彼得堡，兩湖指拉多家湖與衣爾門湖）。由蜿蜒二百二十四公里的沃爾霍夫河（Волхов）貫穿的「諾夫歌羅德大公國」，在中古俄羅斯歷史上，佔有很重要的地位，它是最早俄羅斯式民主的發源地（諾城是最早從基輔公國取得獨立行政權的王朝，西元989年諾夫歌羅德代表全俄羅斯，接受羅馬拜占庭的洗禮成為東正教國家）。以十六世紀諾夫歌羅德公國為中心的廣大腹地，商業及貿易組織眾多，甚至包括今

■諾夫歌羅德古堡的
城牆內歷數百年仍
屹立不搖(右頁圖)

■諾夫歌羅德城堡中
　最著名的聖索非亞
　大教堂

日的挪威與芬蘭的國土。八百年前，從諾夫歌羅德輸出到歐洲的糧食、皮
貨、蜜蠟……，奠定了此地的繁榮基礎。直到十八世紀，因為聖彼得堡出
現，才變成外環郊區的地位。

　　所有的古文明地區，幾乎都是繞著大河而生成的，俄羅斯也不例外。十
分之八九的俄國老城都有以下幾個特點：沿著一條大河建築城牆城堡，城堡
內有貴族專用的教堂與行宮；外環緊接著商街；邊緣則是數不清的農舍與平
民用小教堂。這個形式在諾夫歌羅德也適用，不一樣的是諾夫歌羅德被大河
分成兩邊，一邊是政治宗教中心，由城堡裡的聖索非亞大教堂為代表，另外
一邊則是商業中心。

　　想要一探東正教的究竟，最好的方法就是自己到教堂裡去逛一圈，最好
選在彌撒舉行有唱詩班獻唱的時候。

　　聖索非亞大教堂是全諾夫歌羅德規模最大且維護得最好的教堂，四面牆
壁都保留了當時不同主題的壁畫，南北方一般繪製了聖徒及受洗的過程，而
東西方則繪有耶穌誕生和以最後審判為主題的壁畫。

聖索非亞大教堂內部結構：

A.洋蔥頂（象徵天空蒼穹）

　筒狀圓頂與嵌入牆壁的擴音管（內部牆壁繪有聖經中的使徒行傳或有關先
　知的壁畫）

B.祭壇壁龕（主祭壇旁有聖母故事的壁畫）

聖索菲亞大教堂內部結構

C. 祭壇拱頂上的大弔燈（四周牆壁繪製了聖經福音書壁畫）

D. 主祭壇入口　E. 皇室與聖徒墓地

F. 唱詩班室

G. 教堂入口

諾夫歌羅德城堡鳥瞰圖：

1. 入口

2. 城牆與炮塔

諾夫歌羅德城堡鳥瞰圖

3. 都主教宮殿
4. 聖索非亞大教堂
5. 俄羅斯千年紀念大鐘
6. 歷史建築博物館
7. 鐘塔
8. 沃爾霍夫河與連接兩岸的大橋

▼ 俄羅斯千年紀念大鐘

　　俄羅斯千年紀念大鐘的三層
雕塑圖像是紀念西元八六二到一
八六二年這一千年來，俄羅斯從
蠻荒走向統一的大道。大鐘的圖
像分三層，最頂端的天使代表著
基督教信仰護佑斯拉夫民族；第
二層是記錄沙皇開疆闢土的豐功
偉業；第三層最底層的是由一百
〇九個高浮雕形象組成，此主題

■紀念俄羅斯千年
的大鐘

又分為四組，是由當時的聖彼得堡藝術學院雕塑系的教授米海爾‧米凱西
（Михаил　Микешин）與學生共同完成的巨作，四組雕塑都具備明確生動的
形象，這些雕塑對現代人來說也有易懂的造形語言，他們分別是亞羅斯拉夫
的貴族、烈士與將軍、文藝界偉人、民族英雄。

▼ 尤理修士修道院

Юрьев　моностырь

地　　點：173000, г. Новгород　Юрьео

電　　話：(81622) 730-20

開放時間：5月15日～10月15日10：00～18：00（周三不開放）
　　　　　10月16日～隔年5月14日10：00～16：00

門　　票：免費

交　　通：從諾夫歌羅德火車站往南坐7號公車或7a號公車

禁慾主義道袍——性感光環？

　　東正教修士那一身高領繫腰的黑袍，大鬍鬚，手持十字架的身影，總是吸引我這個東方女人的目光，那些身穿「禁慾主義道袍」的修士，在我眼中反而成了一種「難以言喻的性感光環」，我想與其在書中找資料，不如找一個修士聊聊，也許能揭開我腦海中對東正教那層總是幻想卻又扭曲的面紗。

出家人上星巴克！？

　　不食人間煙火的形象，加深了俄國修士與塵世的距離。每次看到黑袍修士出現，興奮的我就像看到電影「魔戒」裡的「長老」現身一樣，好不痛快！不過話說回來，我從未在國外見過修士開賓士帶墨鏡，或上街喝咖啡（他們當然喝咖啡，會在修道院裡喝）！但是回到故鄉台北，整著下午泡在星巴克寫作時，卻常見黃色道袍的出家同胞也來共襄盛舉，望著他們頂著戒疤並且品酌咖啡之際，隨手拿起新款手機一邊搖晃一邊哈拉的姿態，不禁感佩台灣社會在心態與物質上實在比俄國「進步太多了」！

與謝爾蓋・米海爾維奇修士的談話

　　尤理修士修道院中，我有幸遇到幾位面善的修士，與他們談話的經驗，

■ 白雪中的尤理修士
修道院美得清新

讓我腦海中對修士的輪廓，像是看太空星河一下子拉到眼前，形象變得非常真實。

「東正教始終維持神祕感，而且維持千年不變的老樣子，就這一方面，東正教在今日社會中具有什麼樣的意義？」我問到。

修士謝爾蓋・米海爾維奇親切地回答到：「沒錯，現代思潮的洪流每天都在變，政治人物每天在更換，飲食、建築與服飾每天都有奇妙萬化的款式推出，千百年來世界上唯一不變的是上帝的愛，與人類的生、老、病、死，東正教在世界上極力維持的古老法典與形式，為的是紀念與傳揚上帝的愛。俄羅斯社會目前面臨嚴酷的挑戰，東正教此刻的意義尤其重要。」

「您與修士們每日的作息大致如何？」「四點清晨天還沒亮就得起床，最大的痛苦來自——不可以賴床（笑）。修道院中為民眾舉行每天兩場的晨彌撒與晚彌撒，而在這之前我們必須靈修、讀經，念很多方面的書籍，並且有許多精神與肉體上的勞動。」

「精神上的勞動是什麼？」我問到。「早晨的讚美詩與祈禱文，首先用來潔淨我們的心靈，然後是沉思禱告，必須用一些『祕密的方法』來確定與鞏固自己與上帝的親近關係。」

「生活上的勞動是指哪方面？」「身體上的勞動包括：下田、鋤草、飼養雞、牛、馬，烤麵包，收成馬鈴薯，養蜜蜂，採花蜜（用來製作聖油的香精），聖像畫的製作，夏天採集蘑菇與收集柴薪，冬天維修教堂內部。除此之外我們每天還要為鄉民做亡者入土或是新生兒受洗的儀式……，每一件身體上的勞動，同時需要專業技巧及維持與大自然的親近關係，勞動使我們得到精神上的清明，這是很重要的。」

　　「採蜜與養雞嗎？聽起來很不可思議！」「是的，修士的生活比大眾想像的需要付出更多勞動，俄羅斯百姓過的生活並不富裕，修士又憑什麼過著奢侈的生活？」聽著謝爾蓋‧米海爾維奇修士的話，我若有所思，腦中閃進台北星巴克咖啡店中，尼姑打大哥大的畫面。

　　「平常日子裡，修道院與社區保持著什麼樣的關係？」「修道院不積極參與社會活動，並不代表東正教是消極的，心靈上我們積極地活在潔淨的世界裡，與邪惡對抗，我們心裡有耶穌基督，並且彰顯祂的愛，東正教的角色昨日、今日、明日，到下一個世紀都是不變的。」

　　謝爾蓋‧米海爾維奇的語氣堅定沉穩、用字淺白，這次談話，讓我消弭了對東正教修士不切實際的幻想，原來修士的一天不是唱詩歌與為民祈禱而已，而是「接近大地的苦修者」。

■ 修士是一群接近大
自然的苦修者

▼ 大型斯拉夫文化博覽會——
露天的「斯拉夫木造建築博物館」

Музей народного зодчества "Витославлийы"

地　　點：尤理修士修道院旁

電　　話：(81622) 781-60，傳真：(81622) 737-70

開放時間：4月15日～10月14日10：00～18：00，10月底到隔年4月10：00～17：
　　　　　00，週六、週日照常開放

交　　通：從諾夫歌羅德火車站往南坐7號公車或7a號公車

民俗活動與慶典日期：1月7號聖誕節，4月中旬謝肉節，6、7月份夏日施洗節

■諾夫歌羅德城堡外的
街頭藝人

樸素的天堂長什麼樣子？——斯拉夫人的鄉間生活

　　諾夫歌羅德南邊的尤里修士修道
院附近，有一個著名的斯拉夫別墅博
物館，於一九六四年成立。在三十公
頃的廣大土地上，斯拉夫木造建築博
物館共有二十二種典型斯拉夫民族的
木造建築，所有的別墅、農舍與教堂
總共七十座，儼然是一場大型露天的
斯拉夫文化博覽會。這些建築物保留
了傳統的建造方法，內部陳列了屋主
的生活形式、宗教活動與民俗文化的
遺跡。

民俗文化關懷

■位於諾夫歌羅德南邊
的斯拉夫木造建築博
物館

　　「博物館建造的目的是為了保留
位於廣大的俄羅斯土地上，無法長存的珍貴古老木造建築，將他們一一遷移
到此地，集中資源來保護不只是硬邦邦的建築物，而且是活的民俗文化，手
工業的、貿易活動的、宗教活動的……，活生生整體性的俄羅斯民間活動，
不只是為學術研究，更為後代無數的斯拉夫子民。」這篇宣言，由首位博物
館館長在開幕典禮提出，讓人見識到五十年前號稱「最殘酷無人道主義的」
蘇聯政府，也有這樣的關懷與即說即行的魄力。

兩層樓的大農舍

因應寒冷的氣候與多功能的生活需要，一般中世紀的農舍是兩層樓室方形建築，依屋主的品味在外形裝飾與結構上，長短寬窄、富麗貧瘠各有不同，略有差別，但一樓大都兼具停放雪橇或馬車，還有放置農具的「車庫」功能，二樓起居室與烤麵包廚房，三樓小閣樓一般用來儲存牛奶與發酵乳的地方，此外「製麵粉間」與「鐵匠工作室」，也是農舍多功能中的一部分。

白樺樹皮

森林裡若沒了如銅管聲響亮的白樺樹影，那麼一切俄羅斯的美就全都走調了。

白樺樹的美佔據了不少畫家、詩人的畫布與詩篇，例如庫因茲的〈白樺樹林〉，或是列維坦筆下的春夏秋冬，就因為多了幾棵白樺樹而使畫面頓時可愛起來。

除了在藝術領域裡被人頌讚，在民間醫療裡白樺樹還扮演保健強身的神效（浴後用白樺樹枝拍打身體可消毒又促進血液循環），甚至在民俗工藝中，因為白樺樹皮質地柔軟又具韌性，常被用來做成精緻的手工藝品。有誰從頭到腳鞠躬盡瘁為俄羅斯文化提供最全面普遍的貢獻，不是列寧，也不是列賓美術學院，是那一棵棵銀白斑剝的白樺樹！

■兜售白樺樹製成的
　工藝品的攤位林立
　在城堡外圍

普斯柯夫

至西元二○○三年已經有一千一百年歷史的普斯柯夫，埋藏了許多古俄羅斯耐人尋味的文化與祕密。

Псков

地　　址：Псковской области

交　　通：維傑布斯克火車站（Витебский вокзал）坐火車到普斯柯夫（Псков）站下車

門　　票：入城堡免費，參觀博物館另計

▼ 無法忘懷的普斯柯夫之旅

每個驅車南下，從聖彼得堡到莫斯科的旅行者，卻常常忽略普斯柯夫這個散發純樸風味的古城。

記得西元二○○○年第一次造訪普斯柯夫，是筆者在俄羅斯剛買車的時候，（俄國國產新車價格約等於台灣一台摩托車），我一個窮留學生興奮地將「新破車」開出沙龍，計畫著一個人的寫生大計，「就開上普斯柯夫去吧！」我心中吶喊著！

當下決定後，經過六個小時風塵僕僕的駕駛，下午四點看到眼前展開一幕──令人魂牽夢繫的俄羅斯古堡，頓時鬆開了身體因駕駛帶來的精神緊張，在旅程結束後，筆者從普斯柯夫返家的路上，卻因路況太差，俄羅斯新車「太堅固」，遇上有生以來最刺激的翻車驚險，所幸車全毀人尚在，感謝善良的俄國阿公免費載我回城，修車店老闆掏腰包幫我買車票，警察幫忙推爛車，抽菸的俄國大妞救助一元盧布坐地鐵。說真的，我的命在俄羅斯留學是豁出去，然後撿回來的。

▼ 一千一百年歷史古城

俄羅斯的歷史無可置疑地發源於基輔城市，而相對於基輔，為俄羅斯文化貢獻深遠，不可忽略的幾個古城，其中最著名之一就是普斯柯夫。

　　至西元二〇〇三年已經有一千一百年歷史的普斯柯夫,埋藏了許多古俄
羅斯耐人尋味的文化與祕密。位於諾夫歌羅德與首都莫斯科之間的普斯柯
夫,最早關於此城的官方記載,是在俄羅斯編年史中,提到西元九〇三年依
果公爵迎娶貴族之女奧勒嘉的盛大婚禮,即是在此地城堡中舉行,因此學者
推測最早興建普斯柯夫的歷史,可追溯到西元八世紀。

■普斯柯夫城堡全景

■ 城堡內的金綠色聖像
壁畫是14世紀留下
的重要文物

　　最早的普斯柯夫是諾夫歌羅德公國的屬地，由於地理位置更靠近波羅的海，造就它的軍事防禦與貿易功能。到十六世紀時普斯柯夫的規模，已經脫離當年諾夫歌羅德公國屬地性質，成為獨立的軍事防禦要地，簡短地說，如果形容城市「諾夫歌羅德如同一位富家千金」，那麼「普斯柯夫則是英勇將士」。

▼ 固若金山的石頭城堡

　　地理上由於靠近波羅的海，普斯科夫在中古世紀的俄羅斯，總是扮演著捍衛內陸的角色。普斯柯夫的男人必須抵抗西歐、北歐來的海盜，與南部蒙古及韃靼人的侵犯。城市一詞在俄文裡為 горад（格勒，例如列寧格勒、史達林格勒），是從動詞 городить（圍起、圈上）而來，意即城市就是「築起牆來，捍衛居民的地方」。由於外敵強悍，普斯柯夫的牆因此建造得格外堅固。古堡被「大河」與「小河」包圍，加上厚度超過五公尺的石造城牆，形

式上等於是雙重堡壘。漫步在普斯柯夫古堡裡的感受，沒有奢華眩目的裝潢，你能感受到的是史詩性的壯闊，以及每塊磚瓦間更原始粗獷的美感。

■ 普斯科夫民俗趣味博物館外觀（上圖）
■ 博物館外繩編的文字（下圖）

▼ 古俄羅斯大主教區

從西元九〇三到一五八九年的五百餘年間，普斯柯夫城內與近郊所興建的教堂與修道院數量驚人，一千年後的今天，雖然大部分早已消逝於戰亂與時間的摧殘，但仍保留的十八個教堂與七個修道院，其中最著名的就是位於城堡中的聖三一教堂。聖三一教堂在普斯柯夫城，有三個重要意義：一、政治與宗教中心，一四六一年俄德波羅的海戰爭，俄軍節節敗退，普斯柯夫的大公諸侯與君臣聚集在聖三一教堂裡，祈禱並召開了全普斯柯夫人民會議，選擇了正確的戰略，使戰事反敗為勝；二、保留基輔文化，西元九五七年興建的聖三一教堂，經過了木造、石造、磚造三個毀掉又重建的過程，但是原始的規模，從一千年前的手繪建築草圖中，可發現今日的聖三一教堂還保留了十世紀上半葉的規模與思想，最明顯的是從洋蔥頭、屋頂到窗戶與立面結構，皆以「三」為依歸，聖父、聖子、聖靈三位一體的基督宗教思想；三、藝術殿堂，聖三一教堂裡保留非常罕見珍貴的聖像壁畫。

▼ 普斯柯夫民俗趣味博物館

地　　址	181510 Псковская обл., Печорский р-н, п/о Залесье, д. Сигово
電　　話	8-（81148）94-243
門　　票	免費

突然發現街角處有一個破破的茅房矗立，上面居然用乾草繩歪歪扭扭地綁著「museam」的字樣。我心忖，博物館居然可以「破爛」至此，也真了不起！受不了好奇心的驅使，我走向前去一探究竟。在一片雜草堆中，我找到了私人的普斯柯夫民俗趣味博物館的入口。經過一陣協調與溝通後，博物館負責人塔提安娜・尼卡列夫娜・阿加列娃女士，親自帶領我參觀了博物館內部，令人驚訝的是樸素的小屋中，竟瀰漫著溫馨的氣氛！

木造的小屋中陳列了典型俄羅斯傳統服飾、家庭飾物與日常用品，塔提

安娜女士解釋到：「我們阿加列娃家族，百年前從愛沙尼亞遷居到普斯柯夫，雖然我們的信仰皈依了東正教，但是語言與生活上仍保留了愛沙尼亞民族的傳統色彩。」「這裡的每一個佈置空間，我們盡量保持著當年祖先生活的原味，因此這裡的收藏品並不像「標木」，更像是活在你周遭的一件事。」忍不住好奇想伸手摸摸那些陳舊發黃，卻繡得異常精美的傳統衣物，「不好意思，他們真美！」我面帶歉意向館長說道。「妳為什麼不好意思？我的博物館就是為了讓人走近，親手接觸『美』，我不喜歡人們看待我的收藏，像是看待廟裡的『貢品』一樣！」館長說。聽了塔提安娜的一席話，拓寬了我對「博物館」的認識，一個地方只要能提供您對世界有新的認識，那怕它小，那怕它醜，都是最好的博物館！

聖像畫傳統——華麗的墨綠、橘金對比色

聖像畫在藝術史上的地位，如同俄羅斯藝術源頭，到後來又自成一家。聖像畫保存了中世紀俄羅斯人的宗教觀與世界觀，對繪畫發展而言，有幾項重要的突破：第一是人物心理層面的追求；第二是畫面的高度和諧性；第三是開發材料技術，這些都有不可磨滅的重要性。一三四八年普斯柯夫從諾夫歌羅德公國獨立出來，從此時也開始發展自己的城市文化。從普斯柯夫出土的聖像畫，在色彩方面有幾個特點，畫面中常見鮮豔的硃砂色，與多層的褐色中透出青綠色；這種人物衣著上金色帶土紅與深墨綠色，在金色的背景上有強烈的外形對比輪廓，使畫面形成華美的效果，加上蓬勃的人物動態與流暢的構圖，使普斯柯夫的聖像畫，在眾多流派裡顯得獨樹一格。

美的素淨的小教堂

普斯柯夫境內保存著少數迷你教堂，有的是千年古蹟，大部分則是上個世紀依照中世紀的設計規模重新建造的，外形樸素造形簡單的小教堂，在日漸繁擾的市區街道上，顯得格外好看，例如位於蘇維埃紅軍橋邊的安娜塔西雅鐘樓，就如同斯拉夫十八歲少女美得清新脫俗！所謂的小教堂與鐘塔，其實是沒有祭壇禮拜堂，但有矮墊可以跪著祈禱並可插蠟燭許願。

亂逛與迷路

「亂逛」，是生活悠閒人的專利，也是留學生的宿命。一身輕便的行囊，一個人把腦袋放空空，讓陌生的景物，隨著你的腳步進入視野；「亂逛」可以說是認識世界，最積極、最消極又是最享受的方式！亂逛的過程，「迷路」從偶然變成必然，但是經驗告訴我，人往往只有在迷路時最絕望、最失意的一刻，眼前才有絕美的風景出現眼前，我稱之為「迷路哲學」。

普希金山與
米海洛夫斯基莊園

聽普希金的詩句，即使完全不懂內容，但是那聲音就像一首歌曲，可以感受到鏗、鏘、頓、挫的語言之美，令人不能相信俄文竟可有那樣優美高尚的音韻！

Пушкинский город

地　　　點：Пушкинские Горы, Новоржевская 21

電　　　話：（81146）2-23-21，2-17-62，2-23-19

交　　　通：坐火車到 ж/д вокзал "Псков"，轉公車上普希金山，或直接由城內包小巴士直達

開放時間：5月至9月10：00～20：00

修 館 日：週一與每月最後一個週二，4月與11月不對外開放

莊園門票：大人60盧布，小孩15盧布
　　　　　普希金之家博物館（收藏大量詩人原著手稿的博物館）

地　　　址：с-Петербург, наб. р. Мойки, 12.

電　　　話：（812）311-35-31，（812）315-95-13

開放時間：103：00～17：00

休 館 日：週二與每月最後一個星期五

交　　　通：地鐵 невский Проспект，下車後轉公車到 канал Грибоедова

■如夢似幻的詩人
　故鄉普希金山

261

▼ 不讀詩，跟普希金絕緣？

　　坦白說我從來不讀詩！太年輕時不懂詩，現在又沒空讀詩！最「有錢有閒」可以唸書的日子，反而是留學的那四年。

　　那個時候在大學宿舍裡自認才情絕等的人，不能隨口來上半首普希金的詩，是要教人笑話的！搞不懂為何二○○三年江澤民到沙皇村訪問，還以俄文朗誦一首普希金著名詩篇「致凱恩」中的詩句，我這個外國學生，好奇俄國詩仙，到底有什麼神奇之處？因此以一頓中式料理的代價，換得同學教我朗誦大師的片段詩句。這個方法還不錯，生意興隆，幾年下來也培養我對俄羅斯詩詞的基本認識。

■ 1959年落成的
　普希金塑像

▼ 接近普希金

第一次近距離認識普希金，完全不是從書本上普希金的詩句，而是到普希金山上列賓美術學院的「暑期寫生基地」。到了普希金山，吃著基地阿婆準備的粗食粗飯，肚子是扁的，但是普希金山的美，卻讓我的眼每天睜得大大的，下顎骨總是拖到胸部（太吃驚的緣故），像鬼一樣晃蕩！我想看盡那美，靜謐的湖邊，有攔腰白霧，透藍的天空映上松樹泛紅的樹幹，幻想著小矮個、蓄著落腮鬍的普希金，怎樣用他機智的頭腦與極美的詩句，糾纏在貌美的公主與小姐身邊……。還沒來得及畫下，回過頭來，又發現另一處可入畫的鏡頭。到普希金山容易忘掉一切，因為這裡適合作夢！這裡美得不食人間煙火，適合愛好幻想的人到此一遊。

▼ 機智、才情集一身的水瓶座詩人──普希金

不認識俄文的人，很難進入普希金的世界，就像不說台語的人，很難唱好「雨夜花」。聽普希金的詩句，即使完全不懂內容，但是那聲音就像一首歌曲，可以感受到鏗、鏘、頓、挫的語言之美，令人不能相信俄文竟可有那樣優美高尚的音韻！

▼ 醜人機智

姑且不論詩人的才華與出身，普希金長相，實在稱不上體面英俊，但是普希金總有辦法以機智與幽默，使自己永遠佔上風，從以下這則流傳的笑話可見。大詩人普希金年輕時喜歡跳舞，在一次舞會上，他邀請一位小姐跳舞。這位小姐傲慢地說：「我不能和小孩子跳舞！」普希金靈機一動，他很有禮貌地鞠了一躬，微笑著說：「對不起，親愛的小姐，我不知道您正懷著孩子。」

▼ 天才的一生與米海洛夫斯基莊園

普希金的一生，只能用天才、傳奇人物來形容，西元一七九九年二月十

日,出生於莫斯科貴族世家的普希金,一八三七年二月十日死於一場決鬥。他的一生經歷貴族教育、留放、參加反沙皇政權集會,並在多種文學體裁(抒情詩、敘事詩、詩劇、小說、散文、童話等)中都取得傑出的成績,為後代的作家提供了典範。所以,他被稱為俄國文學的始祖、偉大的俄國人民詩人、俄羅斯詩歌的「太陽」。

普希金短短的三十八年生命,所創造的八百首抒情詩作品中,有一百三十三首是在普希金山上的米海洛夫斯基莊園裡完成的,其中以《葉甫蓋尼·奧涅金》最為著名。普希金用了八年時間,完成這部傑出作品,它成功塑造了俄國文學史上第一個「無用人」奧涅金的形象。奧涅金是有進步思想的貴族青年,雖然他聰明機智,精力充沛,但是厭惡上流社會虛偽生活,整天無所事事地閒蕩,浪費自己的青春和生命。他拒絕了達吉雅娜的愛情,可是達吉雅娜和別人結婚之後,他又轉過來向她求愛,結果遭到拒絕。他為了一件微不足道的事和朋友決鬥,打死了自己的朋友,事後又非常後悔。普希金筆下的奧涅金這個形象表現了當時俄國進步貴族青年思想上的苦悶,透過主人翁的悲劇命運,控訴沙皇專制制度下的腐敗。

米海洛夫斯基莊園是普希金家族的田產之一,是詩人最珍愛的渡假別墅,從莊園向外眺望,可瞧見小河流,靜靜地躺在低矮的平原上,有時牧羊人帶著牛群,流連於遠處河邊吃草,那一幅靜止無聲、色彩和諧豐富的畫面,真是不知自己身在人間還是仙境?難怪少年普希金在莊園留下一句:「從這裡我帶走了記憶,卻將心留在此地。」

■米海洛夫斯基莊園
是詩人流連的別墅

■每年「普希金誕辰
紀念日」，墓園總
是聚集了前來憑弔
的人潮

▼ 詩人長眠地──聖山修道院

　　普希金山上的聖山修道院，是普希金的長眠之地，每年二月十日詩人的冥誕，全世界的普希金迷，都會聚集到此地，獻花、朗誦、悼念詩人傳奇的一生。

　　普希金雖然去世了，他的精神卻激勵著更多的人和沙皇的專制暴政鬥爭。他至今仍受俄羅斯人民的尊敬和愛戴，正如他自己在一首詩中所寫的：

　　我的名字將會遠揚，哪怕月光下世界僅僅有一個詩人留下。
　　我的名字將傳遍偉大的俄羅斯，
　　各民族的語言都將呼喚我。
　　我將被人喜愛，長久懷念，
　　我的詩所激起的善良的感情，
　　我在這冷酷的時代歌頌自由。

▼ 普希金的祕密日記

　　西方世界總是取巧片面地解釋俄國世界，來贏得自己的利益，並且掩蓋

自己的愚蠢。他們瞭解，詩並非人人都感興趣，但是好的A片卻是人人都會想看！西方世界公佈的一本《普希金的祕密日記》大大地改變了世人對詩人的看法，我望著普希金山的明媚風光，很難將這些文字與小宮殿中普希金的形象連接起來。不過詩人終究是詩人，日記中的文字情深意摯、舌燦蓮花，對性有許多令人拍案的見解。

　　光裸的乳房，明擺著求人一吻，乳頭周圍的乳暈則是仙境的標誌。

　　提到男人自戀與自大，普希金寫到：
　　想到並非所有女人都要我，真足作數日嘔。

　　提到性觀念，他顛覆了兩性的賺賠定律：
　　世人都說，這碼事是男人拿，而女人給。事實相反：女人的屄拿了男人那話兒；給的是男人，男人將那話兒給了她。

　　普希金日記中提到的多人性愛派對，內容令人乍舌，但別以為普希金只是個縱慾狂，我個人認為，普希金是個真正懂得享受生活的人。

■詩人的書房

俄國人的

節慶

聖誕節
謝肉節
復活節
城慶
勝利紀念日
啤酒節
白夜節

俄國的「儒略歷」有別於東方農曆、西洋公曆、以色列的猶太曆，還有日本天皇曆，儒略歷是比西洋公曆晚十三天的曆法。一月七日，算算看十二月二十五日加上十三天，是不是正好等於一月七日呢？東「正」教何以為「正」？就是因為他們有自己的「正統」，有自己引以為傲的法典。

> 冬季（11月到隔年4月）：宗教與風俗
>
> 1月聖誕節；2月謝肉節；4月復活節
>
> 夏季（5月到8月）：政治與狂歡
>
> 5月城慶、勝利紀念日；6月啤酒節、白夜節

▼ 東正教的聖誕——聖誕節在一月？

■ 俄羅斯的聖誕老人

記得剛到俄羅斯的那一年想家想得嚴重，為了盜取一點世間僅剩下的溫暖，夠自己撐過一個冰雪寒冬，於是十二月二十四日平安夜晚上，我獨自跑到小教堂去，結果夜晚教堂大門竟然深鎖，空無一人，街上也冷冷清清，我簡直嚇呆了！平日冷也罷了，但是人豈能忍耐這樣空冷寂寥的聖誕節？套一句俄國人的口頭禪：最糟糕不過就是這樣了！

後來打聽之下才知道真正的原因一點都不淒慘，只是俄國人不僅思考方式不同，月曆也不同。俄國的聖誕節是每年的一月七日。

俄國的「儒略歷」有別於東方農曆、西洋公曆、以色列的猶太曆，還有日本天皇曆，儒略歷是比西洋公曆晚十三天的曆法。一月七日，算算看十二

■ 俄羅斯小孩在聖誕節以各種打扮歡度佳節（左圖）

■ 歡樂的兒童聖誕派對（右圖）

月二十五日加上十三天，是不是正好等於一月七日呢？東「正」教何以為「正」？就是因為他們有自己的「正統」，有自己引以為傲的法典。

除了日期與東正教禮拜的儀式略有不同之外，俄羅斯的聖誕節倒是與西方聖誕節大同小異，慶祝耶穌誕生與新年，新鮮活生生的耶誕樹與狂歡派對是不可缺少的。

▼ 送冬迎春的團聚狂飲──三月謝肉節

許多俄羅斯的著名油畫作品是以「謝肉節」為歌頌的主題，例如十九世紀畫家蘇理科夫的作品〈攻陷雪城〉，與當代著名的油畫家尼古拉‧布羅欽的作品〈謝肉節〉。到底什麼是謝肉節？這個名稱對東方人來說的確是怪怪的！

全世界獨一無二、傳統斯拉夫的民俗節慶謝肉節，是每年三月初為期一整週的狂歡節慶，節慶的意義是「送走嚴寒的冬季，迎接溫暖的春天」。謝肉節本身並沒有宗教上的意義，而是一個具有民間色彩的節日，意義有點像我們的元宵節，例如許多俚俗趣味的民俗歌謠與口訣，就是描述這個一年一度的七天歡樂。

星期一：大家來團聚；星期二：唱歌與猜謎（向丈母娘獻殷勤）；星期三：狂吃到不行；星期四：爛醉到天明；星期五：騎馬看大戲；星期六：未嫁姑娘找少年郎；星期天：火燒稻草人（親吻道再見）。

俄國幅員廣大，三月分南部高加索地區已經有嫩綠的青草冒出，而北部的西伯利亞地區仍然冰天雪地，每一個地方慶祝謝肉節的方式各有不同，例如諾夫歌羅德地區的謝肉節就舉辦了「跳冰河」大賽，而南部則有歌唱大賽。儘管各地的慶祝方式不同，但是餐桌上熱烘烘的薄餅與唱唱跳跳一番，則是絕對不會少的。麵粉糊做成的金黃色圓形薄餅（很像台灣街上賣的可麗餅），疊成一落厚厚的薄餅，沾著牛油、酸奶醬，是一種簡單的美味料理，

■市民在復活節齊聚教堂
周圍

圓形的薄餅象徵著春天暖和的太陽，即將普照人間。

　　傳統七天的謝肉節在今日，演變成只有星期天的大型慶祝活動，其中最
重要的就是「燒稻草人」。稻草人象徵著上一年的霉氣，在星期天的傍晚五
點，一把大火下，三尺高的稻草人在一團火炬中漸漸消失，村人圍著火跳著
旋轉舞，畫下節慶的最後句點。

▼ 冷風燭光下的祈禱──四月復活節

　　「人子被交在罪人手中，釘在十字架上，在第三天從死裡復活。」──
《聖經・路加福音》第24章

　　每年四月底某個夜晚的十二點凌晨，是一年一度俄羅斯東正教的復活
節。這一刻，神父會領著民眾繞行於教堂外圍，家家男女老少，人人手持著
蠟燭，為耶穌復活的奇蹟做祈禱與感謝。這一刻，四月夜裡仍飄著寒風，但
是點點昏黃的燭光與人們心中的願望在夜裡形成一個溫暖光炬，趕走了白天
斯拉夫人臉上慘白的冷漠與謊言。

　　每年的復活節從晚上零點到隔天的清晨，俄羅斯國家第一電台依然如期
轉撥當晚莫斯科聖母升天大教堂的跨夜復活節晚崇拜，為時五小時的馬拉松
式崇拜，是全世界基督教國家中少見的狀況，全國有百分之二十的基督徒參

■復活節的燭光祈福

加這個盛會，即使沒有信仰的斯拉夫人也可以感受到這個節日帶來的溫暖氣氛。

各色各樣美麗的復活節彩蛋（是慶祝基督新生的象徵），與寫著「XB」（X俄文字母代表基督，而B是復活之意）甜中帶酸的復活節奶烙蛋糕，是家家主婦必備的晚餐甜點，在東正教徒為期四十天的大齋戒中（準備迎接重生的耶穌），復活節的到來也意味著齋戒結束，全家攜帶親友在聽完教堂的崇拜後，凌晨三點回到家中，在尚未日出的彩色清晨中享用早餐。

271

　　復活節的活動持續到第二天二十四時，耶穌復活的力量，帶給人歡欣鼓舞的氣氛，讓人產生力量面對自己肉體與心靈上的挑戰，正如俄羅斯小說家契科夫的短篇作品「瓦尼亞叔叔」中，女主角索尼雅說：「但是沒有辦法阿！一定得活下去，一定要度過這漫長無涯的每一天，挨過每一個不知道什麼時候才會天亮的晚上……，到了那一天，我們會老老實實地死去，到了彼世我們可以毫不保留地向上帝說，我們有多苦，於是上帝會覺得，那真可憐！叔叔，這時你跟我都可以過著明朗美麗的生活，那時，會響起上帝使者的聲音，天空滿是鑽石，那時我們就可以喘一口氣。」耶穌復活的消息無論如何帶給人們對此生的勇氣，讓這個世界的苦難，有一絲喘息的空間。

▼ 懷舊的共產勝利──五九勝利紀念日

　　五月是充滿陽光的月分，第一是雪不再下了，第二是從一號到月底的節慶。五一勞動節後，緊接著五九勝利紀念日，對俄羅斯人是很有意義的一天。五月九日，第二次世界大戰，俄軍擊敗納粹，粉碎德軍佔領世界的美夢，縮短歐洲戰線，俄國人視這一天是民族的一大勝利！「第二次世界大戰的勝利是俄羅斯的勝利！」俄羅斯老兵高喊著。

　　這一天從早到晚，涅夫斯基大道都有遊行與樂隊，晚上有大型煙火。街道上你可以看到俄國人很有人情味的一面，敬老尊賢的傳統四處展現。五月九日這一天，五十年前的抗戰將領，重披一身當年軍裝，披上彩色勳章與肩帶，接受民眾的獻花與歡呼，有人拿著擴音器高喊著「資本主義與美國人滾出俄羅斯！」，有人拿著大大的紅星鐮刀旗──共產黨旗揮舞，有人捧著史達林與列寧的黑白照片遊街……，身為外國人的旅人身在其中，可以感受到沸騰的「大斯拉夫民族主義」與強烈的懷舊情感，這時你如感到疑惑，十年

■五九勝利紀念日的遊行活動

過去了，俄羅斯人為何還是懷念著之前的時代，「那個時代是有榮譽與鮮血的時代，而現在則什麼都沒有！」路旁掃地的阿婆自言自語說著……。

▼ 我愛聖彼得堡——五月聖彼得堡城慶

俄羅斯首席外交政策顧問普里何科曾說：「不僅普丁出身聖彼得堡，這個城市不管從實際或象徵觀點來說，聖彼得堡對俄國都很重要。」

住在聖彼得堡的市民，一定很愛他們居住的城市！不是單單從城慶這一天來看，而是從這個城市的歷史淵源顯現的。聖彼得堡的命運從一七〇三年五月建城以來，經歷了立都、戰爭、牽都、德軍圍城。它曾被稱為列寧格勒，再被稱為聖彼得堡，這一切每一個點點滴滴，都是市民如數家珍的記憶。雖然俄國人無疑是最會怨聲載道的民族，但是看著他們對自己城市與國家的絕對效忠，我認為聖彼得堡人（老一輩自稱是列寧格勒人）是很幸福的。

聖彼得堡城慶，節目不脫傳統的慶典活動：遊行、煙火與花車表演，唯一大大不同的是二〇〇三年的聖彼得堡三百年城慶盛大舉行，因此為期十天的節目如同馬拉松賽跑般地每天從早到晚持續進行。有提供給市民的Party Time：宗教遊行、軍樂隊遊行、劇場表演、煙火秀、靜態展覽；僅供外賓參觀的是涅瓦河上的雷射秀與夏宮噴水池前的金人芭蕾交響之夜，更將聖彼得

堡的夜色推向令人眩目的國際綜藝舞台。

　　今日的俄羅斯總統普丁是聖彼得堡人，他成功利用故鄉的資源，為自己塑造了「新時代俄羅斯男人」的形象。普丁心知肚明，未來俄羅斯對外必須與西方交好，對內要維持俄羅斯的民族自尊。可以預見這一波「普丁熱」，短時間還不會停止，而擁護者就是他聖彼得堡的父老鄉親。

▼ 人手一瓶的全民運動──啤酒節

網站：beer.spbnews.ru/

　　俄羅斯啤酒不像德國啤酒那樣出名，但近年在幾個俄羅斯大酒廠的研發

與推動下，啤酒的口味，從無酒精到高酒精濃度，麥味到蜂蜜口味，絕對不輸他國啤酒，一杯金黃透冰涼又要價平實的低酒精飲料，使俄羅斯年輕人除了喝「白開水」之外，成了啤酒的忠實擁護者。

啤酒工業的市場，雖然與整體市場經濟的脈動息息相關，但是在俄羅斯這樣的國家，越不景氣，酒的消費市場就越大，近年來隨著俄羅斯景氣復甦，在政府與啤酒工業提倡的「健康道德的飲酒」觀念下，使啤酒的形象逐漸脫離「酒精害蟲」，轉為社交娛樂的幫手。

一九八八年開始舉辦的啤酒節，雖然只有短短五、六年的歷史，但是儼然已經發展成一個市區的重要節慶，典禮通常有政府要員參加開幕，並佔據市區最重要的以薩廣場或冬宮廣場，節慶當天免費的啤酒供應加上煙火汽球等各種美麗的節目，這種成功的促銷策略使「啤酒運動」儼然成為一種全民運動。

▼陽光普照的仲夏音樂之夜——白夜節

「陽光普照的夜晚」對某些人而言簡直是個惡夢，因為對大部分人而言，夜晚等於三個元素：黑色、寧靜與孤獨。想想看，如果晚上十二點當你

爬上枕頭山時，窗戶透著刺眼的陽光，怎麼辦？是繼續睡還是當作是白天一樣工作呢？

還好「白夜」這只是高緯度的聖彼得堡市民才擁有的「日不落現象」！聰明的聖彼得堡人將這個每年短暫的六、七月夏季，取了一個美麗的名字——白夜節，把這個違反生

■白夜大合唱

理時鐘的夜貓作息，變成一個深具浪漫色彩的季節。

白夜節的慶祝活動，主要是藝術方面的，聖彼得堡最好的戲院馬琳斯基劇院與其他的表演場所，盛大推出「國際之星白夜節」節目，邀請世界各地的音樂舞蹈好手，帶來一整個夏天的音樂戲劇表演。

我說聖彼得堡的美，是四季分明、冷暖分明，人心的好惡是黑白分明的，很多西方世界通行的觀念，在這裡行不通，而許多自然界的定律也被打破，唯一不變的是聖彼得堡的美無可取代，不論何時何地，藝術永遠存在。

■圖中為當代指揮大師介爾蓋夫率領世界各地樂壇高手為「國際之星白夜節」帶來高水準演出

277

聖彼得堡

旅遊須知

■ 俄國有名的魚子
　醬（上圖）
■ 俄國家庭的飲食
　（下圖）

「流放俄羅斯」的經驗本來就充滿甘苦，下面所談雖是生活瑣事，或許對讀者而言，也是幫助瞭解聖彼得堡的另一途徑吧。

食：俄國菜說實在的比不上歐式料理來得講究，除了魚子醬和麵包發酵果汁「可瓦士」，傳統的俄國菜簡單的醃製蔬菜配上馬鈴薯燉豬肉，若再有一瓶伏特加可以享用，就稱得上是「節慶菜單」。

高級俄羅斯餐廳裡非常講究氣氛與餐具，一般而言，開胃菜、沙拉、主菜、甜點等順序依照西式用餐標準，較具有本土特色的菜色則有冷甜菜湯、基輔肉捲、鹹魚沙拉、烤肉串，俄羅斯薄餅和飲料方面的野薑果汁以及蜂蜜口味的啤酒，都別具特色。

衣：聖彼得堡氣候比起台灣當然是「涼快」多了，受海洋影響一年四季溼度偏高，冬季嚴寒，十月到四月是一年中長達半年以上白雪紛飛的時期，溫度在攝氏二度至零下三十五度不等，一、二月酷寒，春秋兩季早晚溫差很大，夏天溫度可高達三十度，但晚上只有十度左右，因此無論何時前往俄國必備長袖衣物。冬天前往俄羅斯是富有挑戰樂趣的，必備厚雪衣、雪鞋、手套、圍巾，有了這些裝備就可以在銀色世界中橫行無阻。

住：市區內的大飯店從每年五月到九月常常客滿無法訂房，因此住宿必須提

■ 身著貂皮大衣的俄國女郎（上圖）
■ 聖彼得堡地鐵站外觀（下圖）

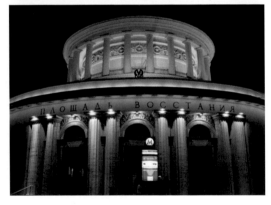

早預約，以下提供的網站有所有俄羅斯大城旅社訂房系統：http：//www.all-hotels.ru/spb。五星級大飯店的房價最低從兩百元美金一晚起，中價位的飯店雙人房價每晚八十元美金起，學生宿舍與青年旅館則每晚單人十至二十元美金不等。

行：

1.地鐵：最便宜便捷的重要市區交通工具。全市共有四條線、五十七個站，從早上五點四十五分發第一班車，到凌晨零時發最後一班車，零時三十分全線關閉。單程地鐵需硬幣七盧布，如果乘

■聖彼得堡地鐵站內部

■地鐵中的電梯

坐頻繁，可買十趟來回或二十趟來回的經濟卡，有些許的折扣，但是必須在期限內（例如7、15、30天內）用完。聖彼得堡地鐵處詢問電話：301-97-00。

2.公車：市區內約有二百條路線的公車，五十線有軌電車與無軌電車，與五百輛私人小型巴士做為地面上的大眾運輸系統，票價從六盧布到二十盧布不等，依照車子新舊與路線長短不同而計價不同，私人小巴士必須以俄文提醒司機停靠位置，否則司機不會主動停車。

3.計程車：Taxi是俄國也通用的標記，計程車分成照表計價與私人喊價兩種，不黯俄文的遊客可準備用俄文寫目的地與價錢的小紙條，司機同意就可上車，照表計價的黃牌計程車要價比私人喊價的貴許多，一般市區內計程車堪稱安全無虞，不必過分擔心。電話叫計程車：089、053，或電100000，有立即的接送服務。

4.租車：在此提供資料，但「不建議」路況不熟的外國遊客租車旅行，不幸遇到警察臨檢或是違規被罰，結局不是「上警局小坐」，就是被吊銷行駛權，情況不是掃興兩字可說完的。聖彼得堡租車網站：www.auto-mobil.spb.ru、www.guide.spb.ru；電話：164-91-73、327-72-56。

5.火車：聖彼得堡市區內幾個火車站，依行駛方向命名分別是：莫斯科火車站（Московский вокзал），位於地鐵Восстания站出口；芬蘭火車站（Филяндский вокзал），位於地鐵「列寧廣場」站出口；維多利亞火車站（Витебский вокзал），位於地鐵「普希金」站；波羅的海火車站（Балтийский вокзал），位於地鐵Балтийская站出口。購買火車票需花整個下午排隊，如果不想排隊可以花較多的銀子向私人火車票窗口железное дорожное агентство購得，位於地鐵Чернышевская站出口左邊，付費詢問電話：162-44-55。

■ 俄羅斯伏特加酒全
球聞名

6.**豪華郵輪**：若厭倦了巴士遊覽車行程，可安排水路遊覽，豪華郵輪可航向
基輔、伏爾加河沿岸城市、北方的彼得工廠……。豪華郵輪只夏季開航，船
票常一位難求，票價依艙位等級而不同。洽詢電話：262-02-39；地址：Пр
о.Обороны, 195；傳真：262-51-48。

7.**機場**：有普柯夫1國內線機場與普柯夫2國際線機場，距離市區南方約十八
公里，下飛機後可乘藍線地鐵московская、小巴士k-39或是13號公車都可
以到市中心（確認機位電話：104-34-44）。

購物：別以為俄國人只吃黑麵包穿破衣服度日，俄國女人的美與愛美可是世
界出名，多帶點錢絕對錯不了，money除了血拼之外可以解決很多意想不到

的麻煩。如果你跟我一樣,無論到哪一國,都會花光最後一毛錢,耗盡最後一滴力氣,彼得保羅要塞區的波修瓦大街(большойпро)有各種歐款的高級名店,或是瓦西里島上新開張的波羅的海名店,絕對可以滿足任何人的血拼慾望。

治安:關於俄國治安好壞問題,有不同的答案,例如火車上的列車長會回答您:「不會啊!我們車上的警衛都配備有機關槍呢!」俄羅斯的警察與治安一直惡名昭彰至今,交通警察當街收賄絡一點也不稀奇。雖然一般街上的「惡」國警察未必身懷絕技,但是藉故施以恐嚇勒索的行為卻層出不窮,沒有當眾施暴,基本上就非大事!警察不具有「人民保母」的形象,而是維持專制的一個工具。打發警察騷擾的行情是一百到五百盧布不等,嚥不下一口怨氣,個性夠潑辣的人可以發揮俄文三寸不爛之舌,偶爾為之見效(在俄國請放棄英語溝通,否則只徒增笑話)!

醫療:一般俄國人接受的醫療品質可能嚇壞外國旅客,情況不足為外人道也,若必要請到高品質外資醫院(例如europe med ЕВРО Мед),提供二十四小時清潔有禮並且技術高超的醫療服務。緊急醫療救護電話:03。

■行進中的火車(上圖)
■惡名昭彰的「惡國」警察是俄羅斯的「特產」(下圖)

■路邊的公用電話

郵政服務：到俄國旅遊的人很少不買大批的書籍畫冊的，扛不回來則必須郵寄。郵政總局一週工作七天不休息，工作時間每天上午十時至下午五時半，地址：почтамтская，9，電話：312-74-60（總局國際快捷服務處）。

辦簽證：分為觀光簽（travel visa）、留學簽（study visa）與商務簽證（bussiness visa），非跟團的自助旅行遊客若自行辦理簽證，必須依俄國規定取得相關單位的邀請函（觀光旅遊簽證由住宿旅館發函，留學簽證由學校方面發函，商務證由公司行號發函），可向俄國青年旅館申請短期旅遊邀請函，獲得邀請函後，持六個月有效護照、兩吋照片三張，至莫斯科台北經濟文化協調委員會（地址：台北市信義路五段2號10樓，電話：8780-3011），辦理俄國入境簽證。

海關申報繳稅：俄國法律規定，凡是超過一百年以上的藝術品（包括古董及書籍）皆不准出關。從商店購得的五十年以內歷史的藝術品包括樂器，必須索取店家證明，並至海關處申報繳稅。遊客購買所有的藝術品必須提早報關（文化局海關單位地址：у. малая морская д），三天內急件是三倍價，持報關證明才能順利出機場返國。

攜帶物品：攜帶現金入關請填報入關單，用不完的美金返國帶回時可出示入關單較方便通過。

時差：夏令（4～10月）時間：台灣時間減5小時；冬令（11～3月）時間：台灣時間減4小時。

電壓：俄羅斯國內電壓220瓦特，使用圓孔插頭，非台灣的扁孔插座。

貨幣：國內只通行盧布為合法貨幣，極少數商店可用美金直接購買。

國際電話：台灣直撥莫斯科：002-7-095-電話號碼。

台北駐莫斯科代表處網站：www.moea.gov.tw。

感謝

親愛的爸爸、媽媽給我豐厚奢侈的疼愛與鞭策

感謝
姊姊與姊夫的鼎力支持

感謝
您、老師與朋友每一個從我生命中經過的人

感謝
藝術家出版社何政廣的伯樂慧眼

書寫本書
我閉起雙眼
再度神遊了一遍，一百遍
那個令我心醉、心碎又神迷的地方
聖彼得堡
每一個小橋
每一個修道院
每一個大雪紛飛的日子和
每一個堆積著炭筆與顏料的角落

反省著東方、西方、北方這三者截然不同的文化
不斷包容與了解的過程中
我像一個容器不斷地被打破、再建構
新的我已不是原來的我

RUSSIA期待下一次的相會

■作者於雪中作畫

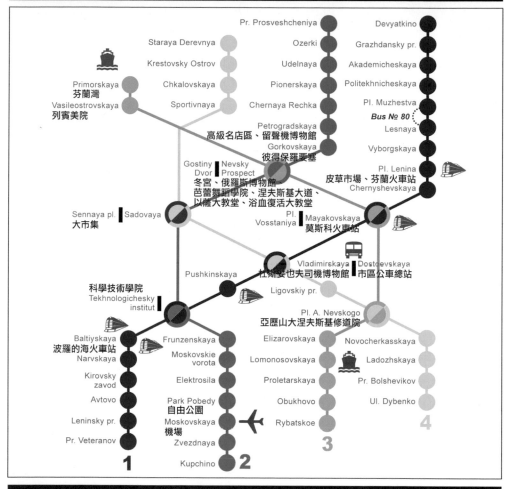

國家圖書館出版品預行編目資料

俄羅斯聖彼得堡藝術行旅 = Art in St. Petersburg : Russia
馬小英／著. -- 初版.
-- 台北市：藝術家，2004〔民93〕
面；15×21公分.

ISBN 986-7487-06-0（平裝）

1. 俄國聖彼得堡－描述與遊記

748.9   93005644

Art in St. Petersburg : Russia

俄羅斯聖彼得堡藝術行旅

馬小英／著

發行人 ｜ 何政廣
主編 ｜ 王庭玫
責任編輯 ｜ 黃郁惠、王雅玲
美術編輯 ｜ 許志聖

出版者 ｜ 藝術家出版社
台北市重慶南路一段147號6樓
TEL：（02）2371-9692～3
FAX：（02）2331-7096
郵政劃撥：01044798 藝術家雜誌社帳戶

總 經 銷　時報文化出版企業股份有限公司
桃園縣龜山鄉萬壽路二段351號
TEL：（02）2306-6842

製版印刷　欣佑製版印刷
初版　2004年4月
定價　新台幣380元

ISBN　986-7487-06-0（平裝）